Meine GartenWelt

Der Garten Krautwig

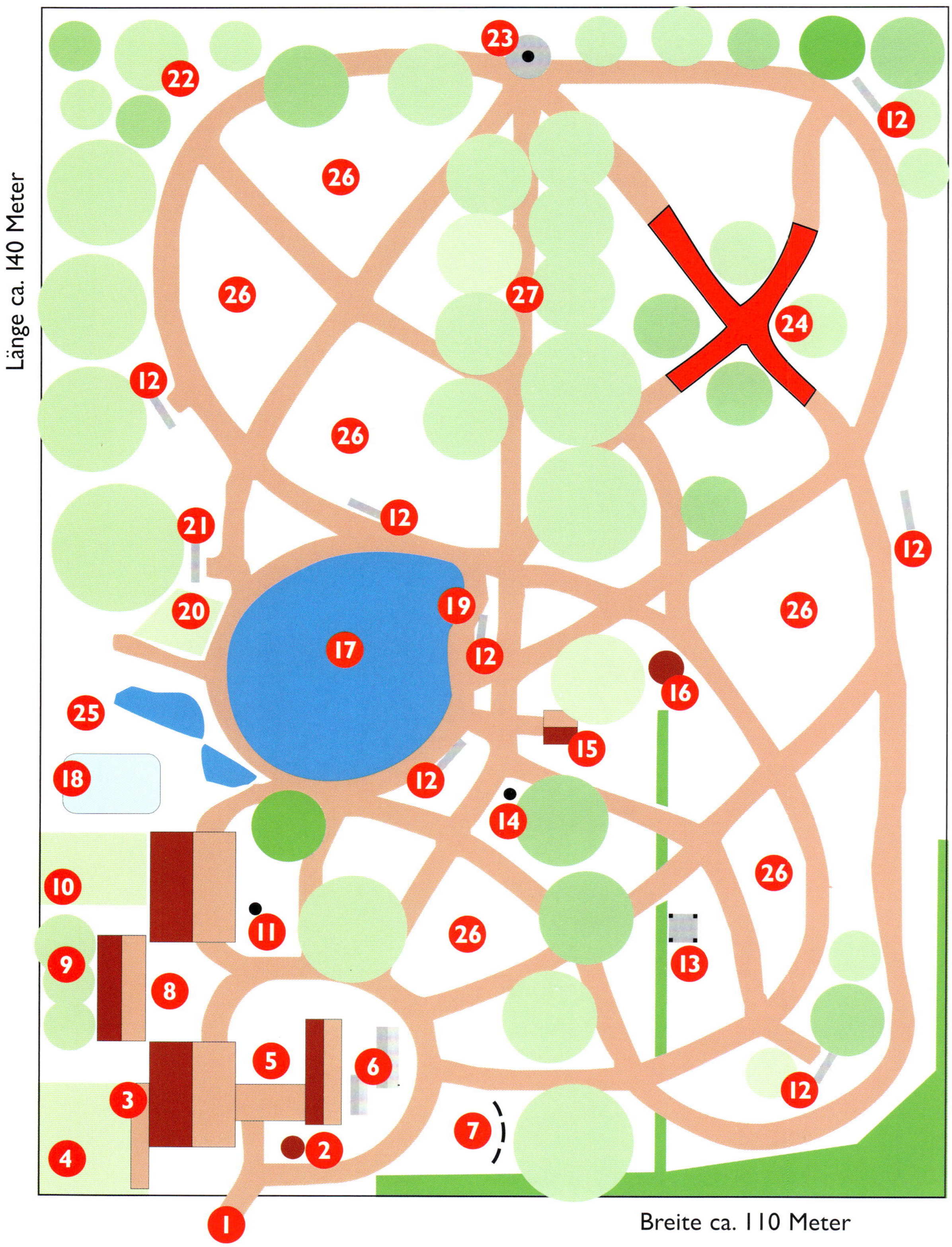

1 Eingang
2 Brunnen
3 Pergola
4 Kräutergarten
5 Terrasse
6 Glashäuser
7 Stelen
8 Hof
9 Kompost
10 Buchs- oder Toskanagarten
11 Denker
12 Bank
13 Hochsitz
14 Säule
15 Holzhaus
16 Pavillon
17 Teich
18 Schwimmbad
19 Lieblingssitzplatz
20 Gemüsegarten
21 Hängematte
22 Igelhaufen
23 Venus
24 Rambler-Rosengang
25 Wildblumenwiese
26 Obstwiese
27 Esskastanienallee

Christel Krautwig • Hans Glader

Meine GartenWelt

Ein Paradies am Niederrhein

Mercator-Verlag

Für unsere Kinder Dirk, Eva, Hannah und Knud

Anschrift: Fürstenberg 18, 46509 Xanten
Tel.: 0 28 01/44 43, 719918, Fax: 0 28 01/7 03 71

Privatinitiative „Gärten am Niederrhein öffnen ihre Pforten“, offene Wochenenden in 2005: 27./28. März Narzissenblüte, 21./22. Mai Wildblumenwiese, 4./5. Juni Rosenblüte, 18./19.6. Rambler-Rosenblüte, jeweils 11 – 18 Uhr, Gruppen außerdem auf Anfrage bis Ende Juli, Termine in den Folgejahren siehe Internet unter www.angelfire.com/country/gardener.

Anfahrt: Von Rheinberg kommend auf der B57 am Ortsrand von Xanten links in Richtung Sonsbeck und Krankenhaus abbiegen, weiter zunächst dem Krankenhauswegweiser folgend links abfahren, dann 2. Straße links (nach ca. 500 m, leicht zu übersehen!), hinter dem Wäldchen nochmals links, zweites Haus links

Bibliografische Information Der Deutschen Bibliothek
Die Deutsche Bibliothek verzeichnet diese Publikation in der Deutschen Nationalbibliografie; detaillierte bibliografische Daten sind im Internet über http://dnb.ddb.de abrufbar.

Texte: Christel Krautwig
Tagebuchfotos: Christel und Herward Krautwig
Alle anderen Fotos: Hans Glader
(Fotos S. 41 unten und S. 94: Susanne Paus)
Gestaltung: Christian Tak

GERT WOHLFARTH GmbH
Verlag Fachtechnik + Mercator-Verlag, Duisburg
www.mercator-verlag.de
Druck: Druckhaus Cramer, Greven
ISBN 3-87463-380-2

Jeder Garten hat seine Geschichte.

Angesichts historischer Gärten kommt dem informierten Besucher sofort sein Vorwissen zugute: Er kennt barocke Anlagen, englische Landschaftsgärten, niederländische Einflüsse. Er weiß, ob er einen Renaissancegarten aus der Zeit der Entdecker, der Pflanzenjäger und -sammler vor sich hat. Die Geschichte der Fürsten, Herzöge und Könige wird als Information dazugeliefert und natürlich, soweit vorhanden, mit den Namen der Gartengestalter, Vredem de Vries, Lancelot „Capability" Brown oder gar André Le Nôtre.

Bei bürgerlichen Gärten vergangener Zeiten findet sich das selten. Meist sind sie untergegangen, weil die Nachkriegszeit intensiven Gemüseanbau erforderte oder weil sie bei Erbteilungen geeignete Baugrundstücke für die nächste Generation hergaben.

Nun hat Christel Krautwig die Geschichte ihres Gartens aufgeschrieben – nicht chronologisch, sondern als Tagebuchnotizen, in denen die Zeiten und Jahreszeiten wie in Überblendungen ineinander verschoben sind.

Für jeden Gärtner ist das eine alltägliche Erfahrung: Durch die Krone des stattlichen Baumes hindurch sieht er immer noch den Sämling oder den zarten Stamm, den er vor vielen Jahren aus der Baumschule mit nach Hause gebracht hat. Und so ergeht es dem Leser auch mit diesem Buch, in dem Vergangenheit und Gegenwart miteinander verschmelzen und sich die Zukunft in Gestalt von Knospen und Blattspitzen bereits in der Phantasie der Gärtnerin ereignet.

Wer den Garten Krautwig kennt, kann das besonders gut nachvollziehen. Dieser Garten auf dem Fürstenberg bei Xanten atmet Geschichte – die des römischen Militärlagers in direkter Nachbarschaft mit dem weiten Blick in die niederrheinische Landschaft und auf den träge dahinfließenden Strom. Aber auch die alte Esskastanienallee erzählt von einem Besitzer längst vergangener Tage. Die mächtigen Stämme tragen Kronen, in denen abgestorbene Äste an die Endlichkeit aller Lebenszeit – auch die der Bäume – gemahnen. Der riesige Garten selbst erzählt aber auch Geschichten aus jüngerer Zeit: von einer Familie, in der vier Kinder viel Freiraum hatten und auf deren ehemaligen Spielflächen nun Narzissen, Seerosen oder besondere historische Rosensorten wachsen. Die Gartengeschichte einer großen Familie wird spürbar.

Mit einem Hauch von Melancholie angesichts vergangener glücklicher Kindertage kann der Leser sich von einer persönlichen Gartengeschichte inspirieren lassen zu eigenen Beobachtungen und Entdeckungen.

Klaus Bender und Manfred Lucenz
Schneppenbaum, im Frühjahr 2005

Manche Besucher unseres Gartens fragen – und viele werden es denken – wie man sich die Arbeit antun kann, auf einem Grundstück von rund 15 000 Quadratmetern einen Privatgarten in all seiner Fülle zu pflegen, wachsen und gedeihen zu lassen.

Meine Frau kann das.

Es war einmal eine Dreijährige – wasserblaue Augen und weißblonde Zöpfe – die darauf bestand, aus dem häuslichen Nutzgarten ein Stück zur eigenen Bearbeitung zu erhalten. Pflanzen und Samen wurden in der Nachbarschaft erbeten oder von den Geschwistern mitgebracht, häufig mit dem spöttischen Hinweis, es werde ja doch nicht wachsen. Aber es wuchs – alles – dank hingebungsvoller Pflege mit Gießkanne, Pferdeäpfeln und Glasabdeckung.

Nach dem Umzug der Familie von Ascheberg nach Segeberg setzte das kleine Mädchen eine erhebliche Erweiterung der Gartenfläche auf knapp fünf Quadratmeter durch, was für eine zentral ausgerichtete Gartenanlage mit Moosmitte, Himbeerhecke und einen Stubben als Sitzplatz ausreichte. Gartenkenntnisse erwarb die Vierjährige durch häufige Besuche in einer Gärtnerei, deren Meister ihr als weiser Alter in Erinnerung blieb. Pflanzen und Samen besorgte sie sich nunmehr vermehrt durch eigene Aktivitäten, z.B. Grabungen am Ufer der Trave.

In mein Leben trat sie, vierzehnjährig, in Form eines Schattenrisses vor rotem Abendhimmel mit dem damals modernen Pferdeschwanz à la Brigitte Bardot und einem riesigen Gartenblumenstrauß in den Händen, um sich für eine Einladung zu einem Fest zu bedanken, an dem ich – unfasslich! – nicht teilgenommen hatte. Auf unserem ersten Karnevalsball erschien sie als Gärtnerin mit grüner Schürze und Strohblumen in den Taschen – sämtliche Vorfahren Förster und Försterstöchter – das Biologiestudium war zwangsläufig. Solcherlei Erfahrungen lehrten mich, wollte ich bei der nunmehr Achtzehnjährigen weiterkommen, dass ich ihr vor allem anderen ein Leben auf dem Lande mit einem gehörigen Garten in Aussicht stellen musste. Was mir insofern nicht schwer fiel, als ich in meiner Jugend das Landleben, allerdings ausschließlich von seiner nutzbaren bzw. essbaren Seite her, kennen und schätzen gelernt hatte.

Nachdem wir uns in Xanten niedergelassen hatten, gingen wir auf die Suche und waren glücklich, eine kleinere, aufgelassene Hofanlage zu finden, in Stadtnähe auf dem Fürstenberg gelegen – was sich schön anhört, jedoch nur den „vordersten Berg" zum Rhein hin meint. Nach guter niederrheinischer Art bedurfte es eines anderthalbjährigen Werbens um Vertrauen beim Eigentümer; Einzelheiten, zum Beispiel unser Ältester im Kinderwagen und gerade erst lauffähig, werden noch heute gern nachbarschaftlich beklönt.

Man wurde – mit „Opjeld" (ein Niederrheiner weiß was das ist) – einig und wir erhielten die alten Urkunden ausgehändigt, welche zu unserer Freude ein vollständiges Bild über die Rechtsverhältnisse des Hofes seit seiner Gründung ergaben.

Im September 1868 erwarb ein junger Mann – dem wir zu Dank verpflichtet bleiben – etwa einundzwanzig preußische Morgen Land aus dem „Müllersbusch" – daher der Hofesname „Möldershof" – mit der Pflicht, zu roden und ein Bauernhaus zu bauen. Da er ein Jahr danach weitere zwanzig Morgen kaufte, hat er sicher seine Pflichten aus dem ersten Vertrag erfüllt, wahrscheinlich also im Herbst/Winter 68/69 gerodet, unsere heute prächtigen Esskastanien gepflanzt und den fünfzig Meter tiefen Ziehbrunnen mit Rundlauf angelegt; der gemauerte Brunnenschacht ist ein handwerkliches Wunderwerk.

Das Eigentum wechselte mehrfach. Eine Urkunde schildert eine Versteigerung in der Xantener Marktwirtschaft und den Zuschlag „nach dem Abbrennen dreier Kerzen, von denen jede mindestens zehn Minuten brannte", eine brueghelsche Szene; die örtliche Fama berichtet von einem Eigentümer, der sonntags mit dem Vierspänner und zwei Lakaien vorfuhr und, nachdem serviert war, sein Fernrohr auszog und eine halbe Stunde zum Eltener Berg schaute.

Nach etlichen Verpachtungen, die dem Hof nicht gut getan haben, musste schließlich die Bewirtschaftung aufgegeben werden. Die Wildnis hielt Einzug, bewahrte allerdings die Anlage vor endgültig zerstörerischen Veränderungen. Immerhin stand alles Mauerwerk noch in den ursprünglichen harmonischen Proportionen. Nach Adelhart Zippelius („Das Bauernhaus am unteren deutschen Niederrhein") hat der Hof die niederrheinische Form des altsächsischen/westfälischen Hallenhauses mit drei Bindern, während Scheune, Remise und Schweinestall freistehend einen Innenhof bilden, der an eine fränkische Hofanlage erinnert.

Unter restaurativer Beseitigung baulicher Hässlichkeiten und Dachsanierungen konnten wir die Anlage sichern – unvergessen ist der Schrecken bei Prüfung des Ständerwerkes im Haupthaus – von Statik keine Spur, das Ganze hing sozusagen in der Luft; die Stalljauche hatte die Ständerfüße völlig zerfressen. Neben dem vorsichtigen Ausbau der Gebäude wurde natürlich sogleich auch der Garten in Arbeit genommen, zunächst der Gemüsegarten, heute der Kräutergarten, an der Sonnenseite des Haupthauses – wegen des Öko-Gemüses. Schon bald folgten der Buchs- und Blumengarten an der Südseite der Scheune und zwischen den Gärten unter einem großen Nussbaum die Kompost-Region sowie ein Kartoffelfeld in der Obstwiese hinter den Kastanien.

Die Müllkippe in der Wiese bescherte uns, nachdem sie gereinigt und mit Sand (achtzehn LKWs) angefüllt worden war, einen mit Sanddorn umwachsenen Dünenplatz. Dort sang einen Sommer lang unsere einzige Nachtigall. Als unsere Kinder schwimmen konnten, entstand dort der heutige große Teich. Wäre die Nachtigall geblieben, hätten wir ihr zuliebe gern auf den Teich verzichtet.

Unsere Kinder erforschten auch das von Wildnis bedeckte weitläufigere Gelände. Ihre Pfade durch das Dickicht zeichneten die jetzigen Wege in ihrem Verlauf schöner vor, als man es sich hätte ausdenken können. Lediglich die von unserer griechischen Schönheit sternförmig ausgehenden Wege sind geplant. Die den Garten beherrschende Esskastanienallee ist nach der Anordnung der Bäume wohl eher als Windschutz angepflanzt worden; für unsere Kinder bleibt sie der „First Mountain Highway".

Mit den Jahren zähmten wir die grüne Hölle. Heute lässt sich die Wildnis von der Gärtnerin meist sanft und unauffällig lenken. Es gibt ein Treibhaus über dem Heizungskeller, einen Hochsitz, um den Dom nicht aus den Augen zu verlieren, ein Kinderhaus mit Hühnerstall und den Resten unserer Zwerghuhnzucht (deutsches Zwerghuhn Farbschlag columba), einen Kaffee-Pavillon für Gespräche oder stille Stunden, eine versteckte Hängematte fürs Alleinsein und einen Feuerplatz für nächtliche Romantik. Ein Rambler-Rosengang und Sitzbänke am Teichufer oder unter Eiben und Rhododendren laden zum Träumen ein, ein bronzener Mann schaut bereits nachdenklich über das Wasser, drei Stelen begrüßen am Eingang den Besucher.

Wenn wir mit Gartenfreunden gemeinsam unsere Gartenpforten öffnen, erfahren wir immer wieder, dass Gartenliebhaber besonders liebenswerte Menschen sind. So hat die Gärtnerin nach Darlegung unserer Gartenverhältnisse ohne weitere Nachfragen die höchste gärtnerische Weihe erfahren durch Aufnahme in die „Society of the Mad Gardeners" von David Hobson.

Der Garten ist ihr Schicksal.

Herward Krautwig

Januar

3. **Nach den langen Feiertagen bin ich froh,** wieder in den normalen Arbeitsrhythmus zu kommen. Mit der Versorgung von Familie, Haus und Küche war ich mehr als ausgelastet. Mit den Gartenkatalogen, die heute mit der Post kamen und die ich genüsslich durchblättere, wenden sich die Gedanken wieder dem Garten zu, in der sehnsüchtigen Gewissheit, dass die nächste Saison nicht mehr fern ist. Draußen ist nasskaltes niederrheinisches Regenwetter. Die wegen der Festtagsvorbereitungen liegengebliebenen Zwiebeln der Dichternarzissen müssen unbedingt in die Erde. Ich werde eine Regenpause abwarten.

4. **Die Christrose,** die am Krippchen geblüht hat, pflanze ich an den schattigen Platz in der *Helleborus*ecke. Eine Handvoll Dolomitkalk kommt gleich mit in das Pflanzloch. Weil die Christrose durch die Zimmerwärme verwöhnt ist, decke ich sie mit wärmenden Tannenreisern zu. Der Weihnachtsstern, den ich geschenkt bekommen habe, wirft seine roten Hochblätter ab. Er wird zurückgeschnitten und kommt auf die „Krankenstation" ins Treibhaus, wo ich unansehnlich gewordenen Topfpflanzen aufpäppele. Ich sehe oft nach ihnen und rede ihnen gut zu.

6. **Meine größte Freude** in diesen dunklen Regentagen sind die leuchtend roten Zweige des sibirischen Hartriegels, die sich von dem sattgrünen Efeu an der Scheunenwand abheben. Ich habe ihn so gepflanzt, dass er vom Wintergarten aus zu sehen ist. Immer wenn ich vorbeikomme, halte ich an und werfe einen Blick hinaus.

7. **Graues Licht, Wintertag.** Das allseits bekannte Stimmungstief beschleicht mich. Ich muss mich schon selbst anschubsen, um in den Garten zu gehen. Also ziehe ich mich warm an und raus geht's. Ich fange damit an, im Treibhaus zu gießen. Das ist immer gut. An den Rosenbögen hat sich ein Ast gelöst. Also hole ich die Leiter, um ihn festzubinden. Den trockenen Trieb dort kann ich auch gleich abschneiden. So arbeite ich mich ein und warm; das Gesicht glüht. Sogar ein schwacher Sonnenstrahl scheint durch die tiefen Wolken zu dringen.

9. **Scharfe Gewehrschüsse erinnern mich** daran, dass noch Jagdsaison ist. Und wie jedes Mal beobachte ich aufgeschreckte Fasane und Rebhühner, die über den dicht berankten Zaun auf unser Grundstück fliegen. Es hat sich offenbar herumgesprochen, dass sie hier ein Refugium finden. Ich schließe schnell das Gartentor. Hunde und Jäger müssen leider draußen blieben.

12. **Seit einer Woche herrscht Dauerfrost.** Besorgt mache ich Rundgänge. Wie geht es der *Rosa banksia* an der Südmauer des Schweinehauses? Die Wintergrüne hat die Blätter abgeworfen. Ebenso die *Clematis armandii*, die ich im Vertrauen auf die immer milder werdenden Winter gepflanzt habe, und die jetzt schon drei Winter überdauert hat. Alle krautigen Pflanzenteile liegen starr am Boden, nur der Buchs strotzt wie immer grün und unberührt von der Kälte und beherrscht jetzt mit seinen vielfältigen Schnittformen den Garten. Hoffentlich waren die Nacktschnecken leichtsinnig und haben ihre Eier wegen des warmen Sommers nahe unter die Erdoberfläche gelegt. Dann wird dieses Jahr die Schneckenplage vielleicht ausbleiben.

Hunde und Jäger müssen draußen bleiben.

13. **Reif hat die immergrünen Blätter** des Salbei wie mit Diamantsplittern überzogen. Er ist jetzt in der Grippezeit eine Kostbarkeit. Sobald sich ein

Familienmitglied erkältet, laufe ich ihm mit Salbeitee, der lecker bitter schmeckt, hinterher. Eine Thermoskanne voller Tee steht dann auch auf dem Nachttisch und lindert die Hustenanfälle.

16. **Der Teich ist zugefroren.** Ich beobachte Fasanenhennen und meine graugetigerte Katze Griselda, die über die Eisfläche laufen. Woher wissen sie, dass das Eis trägt?

17. **Was ich schon immer geahnt habe,** ist jetzt wissenschaftlich belegt: Ich habe Erdhände. In einem Artikel über Chirologie lese ich, dass sich die „Erdhand" – fernab jedes Schönheitsideals – durch eine quadratische Handfläche mit kurzen stumpfen Fingern auszeichnet. Jetzt im Winter sind die Finger schmaler und gepflegter, aber während der Gartensaison muss bei Abendeinladungen ein gut deckender Nagellack helfen, der die mit keiner Wurzelbürste zu entfernende dauerhaft eingenistete grünschwarze Färbung der Haut unter den Nägeln kaschiert. Einige Entzündungen, wo Rosendornen selbst die Handschuhe durchdrungen haben, und Kratzer an den Unterarmen vervollständigen das Bild. Aber ich bin in guter Gesellschaft. Auf der Chelsea Flower Show sah ich diese Art von Händen selbst bei den vornehmsten Ladies.

18. **Endlich ist der Frost gewichen.** In dem Wiesenstück vor dem Haus setze ich, durch kronprinzliches Vorbild angeregt, noch die 200 dunkelvioletten Triumph-Tulpen 'Negrita'. Im kommenden Frühling werden sie die Farbe des Flieders und der Mondviolen aufnehmen, die sich dort immer wieder aussäen.

19. **Es sind festliche Augenblicke,** wenn jetzt in der Abenddämmerung die Wildgänse in geordneten Keilen über unsere alten Esskastanien hinweg zu ihren Schlafplätzen am Altrhein fliegen. Ich liebe ihr Rufen und halte in der Arbeit inne, um ihnen nachzusehen und nachzulauschen. Es scheint, dass sie unsere Kastanienallee als Wegmarke nutzen.

25. **Gestern bekam ich als Heilpflaster** für eine Erkältung einen Strauß herrlichen Islandmohns geschenkt. Verwundert betrachte ich die Pyritrose, die neben der Vase auf dem Tisch liegt. Die Form der zarten Blüte wiederholt sich im starren Stein. Fast meint man, einen versteinerten Mohn vor sich zu haben.

26. **Mein ältester Sohn** Dirk ist zu Besuch. Sofort trage ich ihm eine Arbeit an: Die Vogelkästen müssen gereinigt werden. Die Parasiten überwintern in altem Nistmaterial. Es ist spannend zu sehen, welche Untermieter wir beherbergt haben. In der Steinkauzröhre entdecken wir zwei Zwerghuhneier. Vielleicht

Abendstimmung am winterlichen Teich.

Was ich schon immer geahnt habe, ist jetzt wissenschaftlich belegt: Ich habe Erdhände.

hat ein Marder sie im Maul dorthin geschleppt. In anderen Kästen finden wir einen verlassenen Bienenstock und einen Hornissenbau. Nach der Arbeit sind Dirks Hände von schwarzen Vogelflöhen völlig zerbissen. Man kann ahnen, welche Qual sie der Vogelbrut bereiten.

27. Unser Komposthaufen liegt verborgen hinter der Remise und nach alter Tradition unter einem Walnussbaum, dessen stark gerbsäurehaltiges Laub desinfizierend und geruchsbindend wirkt und Insekten vertreibt. Heute hat Herward, mein Mann, sich an die mühsame Arbeit gemacht, den diesjährigen Haufen anzusetzen. Er schaufelt das Äußere des zweijährigen Haufens auf eine neue Stelle und legt so die fertige Komposterde frei. Den Rottebeschleuniger darf ich ab und zu auf Kommando dazwischenstreuen. Den ein- oder vorjährigen Haufen – den Herward den „faulen Johann" nennt – darf man nicht stören. Im Inneren der Haufen kann es bis zu 60 Grad Celsius warm werden. Dadurch werden viele Unkrautsamen vernichtet. Manchmal sieht man die Haufen dampfen.
Giersch und Windenwurzeln werfe ich nie auf den Kompost, weil sie auch dort überleben. Seit mein Mann Kompostwirtschaft betreibt, brauche ich keine Blumenerde mehr zu kaufen, nur noch die

Jetzt bekommt der Garten eine Klarheit, die ich besonders liebe.

spezielle Anzuchterde. Er fühlt sich offensichtlich wohl bei der Arbeit, denn hier ist der einzige Gartenbereich, bei dem ich ihm nicht dreinrede.

28. Jetzt, da die Bäume kahl und alle krautigen Pflanzenteile abgestorben sind, bekommt der Garten eine Klarheit, die ich besonders liebe. Die wesentlichen Elemente treten stärker hervor: Die 140 Jahre alten Esskastanienbäume, die die Allee bilden und wie riesige dunkle Skulpturen in den Winterhimmel ragen; die weite Wasserfläche des Teiches, die ohne den Randbewuchs größer wirkt; die Wege, die die Fläche der Wildblumenwiese gliedern und die selbst bei diesem nassen Wetter zu einem Rundgang locken. Sie führen zu den hausnahen Gärten, dem Kräutergarten, dem kleinen Rosengarten an den Treibhäusern und dem mit Buchs formal gestalteten Staudengarten, wegen des südlichen Flairs auch „Toskanagarten" genannt. Diese Gärten bilden zwischen Mauern und Hecken geschützte Räume mit einem eigenen Mikroklima. Man spürt hier kaum den kalten Wind, der die kahlen Äste der Esskastanien bewegt.

29. Ich schneide Stecklinge von meinen verschiedenen *Cornus*arten (*Cornus nuttallii, Cornus florida* 'Cherokee Chief' und *Cornus kousa chinensis*). Dazu werden ca. 30 cm lange Seitentriebe unterhalb einer Knospe abgeschnitten und in Komposterde in Töpfe gesetzt. Um die Bewurzelung zu beschleunigen, tauche ich die Schnittstellen vorher in Bewurzelungspulver. Im Kalthaus werden sie gut gewässert. Mit etwas Glück kann ich sie im kommenden Herbst an ihren eigentlichen Platz pflanzen oder Gartenfreunden eine Freude machen.

Rechts: Kastanienallee im Winterschlaf.
Folgende Seiten: Toskanagarten ganz in Weiß.

Februar

1. In der kalten Jahreszeit gibt es nicht viel im Garten zu tun. Jetzt habe ich Zeit, in Gartenbüchern und Katalogen zu schmökern. Aus den Anregungen erwachsen konkrete Pläne für das neue Gartenjahr.

2. Die Narzissen 'February Gold' machen ihrem Namen alle Ehre. Kaum ist der Februar gekommen, kämpfen sie sich durch die kalte Erde und durchstechen selbst die trockenen, zähen Blätter der Esskastanie mit ihren Blattspitzen. In ihrer Mitte sitzt die Blütenknospe. Ich staune über ihre Lebenskraft und sehe schon den leuchtend gelben Blütenteppich vor mir. Das tröstet an nasskalten, dunklen Tagen mit Graupelschauern, Schnee- und Nieselregen.

Die Narzissen 'February Gold' machen ihrem Namen alle Ehre.

3. Der große Terrakottatopf schmückt zu allen Jahreszeiten die Terrasse. Jetzt ist er dicht mit Schneeglöckchen gefüllt. Bei Arbeiten im Herbst hatte ich Schneeglöckchenzwiebeln, die unsere fleißigen Mäuse überall verbreiten, versehentlich ausgegraben und sie in den Topf umgesiedelt.

4. Heute ist der heißersehnte Saatgutkatalog aus England mit der Post gekommen. Leider fällt er für Deutschland schmaler aus als für Britannien. Ich interessiere mich besonders für neue einjährige Mohnsorten, die einfach ausgestreut, schnell die Zwischenräume der Stauden füllen. Auch meine eigene Saatgutkollektion finde ich beachtlich. In Filmdöschen, mit beschrifteten Aufklebern versehen, stehen sie in Reih und Glied geordnet in der kühlen Tenne. Darunter finden sich Samen, die ich auf Reisen am Wegesrand aufgelesen oder von Gartenfreunden erbeten habe. Manchmal entdecke ich in Jackentaschen schon längst vergessene Samenkörner.

6. Ich muss unsere Zwerghühner in den Stall locken und einsperren. Das schöne Leben mit Umherscharren und -laufen ist vorerst vorbei, denn in den letzten Tagen fehlte jeden Morgen ein Huhn. Der Fuchs scheint ihren Schlafplatz auf dem Holzstoß unter der Remise entdeckt zu haben, obwohl ich keine Federn oder Überreste finde. Ich werde das Krähen der Hähne auf der Terrasse vermissen und auch, dass sie mir hinterherlaufen, um Körner zu ergattern. Im Frühjahr dürfen sie wieder hinaus, in der Hoffnung, dass der Fuchs inzwischen die großen Hühner des Nachbarn schätzen gelernt hat.

7. Die Wege sind während des Winters mit welken Blättern zugeweht, die durch Frost und Feuchtigkeit klebrig auf den Steinen haften. Mit einem Drahtbesen lassen sie sich gut an die Seiten kehren. Ich nehme mir vor, jeden Tag eine kleine Wegstrecke zu reinigen. Jetzt merke ich erst, wie lang unsere Wege sind. Es gibt solche, die schnell zum Ziel führen, wie zum Hühnerstall und zum Treibhaus, und einen einzigen geraden langen Weg, die Allee. Die anderen sind geschwungen und gekurvt und verführen zum lustvollen Schlendern und dazu, auf einer der vielen

Bänke gemütlich zu verweilen. Als wir das Grundstück gärtnerisch eroberten, nahmen wir die Kinder-Trampelpfade auf, die Herward mit einfachen Platten aus dem Baumarkt befestigte.

9. **Durch den süßen schweren Duft** aufmerksam gemacht, sehe ich, dass die erste der Hyazinthen in den Gläsern auf der Fensterbank blüht. Die Zwiebeln habe ich zuvor einem künstlichen Winter ausgesetzt. In einem Plastikbeutel mussten sie ungefähr sechs Wochen lang im Gemüsefach des Kühlschrankes ausharren. Danach setzte ich sie in mit Wasser gefüllte Hyazinthengläser. Dabei dürfen sie aber

Die erste Hyazinthe blüht auf der Fensterbank.

nicht mit dem Wasser in Berührung kommen. Die Gläser werden nun kühl (10 bis 13 Grad C) und dunkel gestellt, bis sich die erst grünen Spitzen zeigen. Dann kommen sie ins Helle, wo man beobachten kann, wie die Wurzeln in das Wasser treiben und die Blüten sich entwickeln.

12. **Heute ist ein frostfreier Tag,** gut geeignet, um der Weißdornhecke, die den Kräutergarten abschirmt, den strengeren Winterschnitt zu geben, damit sie dicht bleibt und im Frühjahr wieder kräftig austreibt. Dafür hole ich meine besonders leistungsfähige Elektroheckenschere und die hohe Trittleiter. Sehr vorsichtig teste ich jedes Mal, ob die Trittleiter auch fest steht, bevor ich anfange zu arbeiten. Aus den Ecken der Weißdornhecke ragen Formschnittkugeln, wie es hier am Niederrhein üblich ist. Sie schneide ich sorgfältig mit einer Handschere.

13. **Heute friert es wieder nicht.** Es kribbelt mir in den Fingern, jetzt auch den Weinstock am Haus zurückzuschneiden. Das geht nicht mehr, wenn er Saft zieht, weil er dann aus den Schnittstellen so heftig blutet, dass auch ein Abdichten mit Baumharz nicht gelingt. Bei meinen Wildrosen entferne ich ebenfalls das tote und alte Holz. Mehr Schnitt benötigen sie nicht. Sie blühen am mehrjährigen Holz, deshalb korrigiert man ihre Wuchsform besser nach der Blüte, obwohl für mich die natürliche Gestalt die schönste ist.

14. **Über die Rhabarberstauden im Gemüsebeet** breite ich eine Decke aus frischem Mist. Das hält sie warm und bewirkt, dass ich ihre saftigen Blattstiele noch früher ernten kann.

15. **Jetzt, da keine belaubten Äste ihn umspielen,** wirkt der alte gemauerte Brunnen noch eindrucksvoller. Aus seinem 50 Meter tiefen Schacht versorgte er bis nach dem Zweiten Weltkrieg alle Anwohner des Fürstenberges mit Trinkwasser. Ich sehe, dass auf dem Dach des Brunnenhauses die Rosetten des Hauswurzen schon Polster gebildet haben. Auch Donnerwurz genannt, soll er nach altem Volksglauben vor Blitzschlag schützen und war früher auf den Eingangsgemäuern vieler Bauernhöfe zu finden. Diese Tradition habe ich um so lieber aufgegriffen, als die Hauswurzpflanze mit ihren symmetrischen grünen und purpurnen Rosetten das Farbspiel der mit Flechten und Moos besetzten Feldbrandsteine aufnimmt. Es genügt, einige Pflanzen mit Lehm in die Mauerfugen zu drücken, wo sie sich, an karge Standorte angepasst, einnisten und vermehren. Die einzelnen Arten sollen um so frostfester sein, je intensiver das Rot ihrer Blätter ist.

Die Terrasse ist vom Schnee ganz verkleidet und verfremdet.

Der sitzende Mann schaut gelassen in die Winterlandschaft.

befreie ich den gefrorenen Teichrand, den ich jetzt betreten kann, von trockenen Ästen und abgestorbenen Pflanzenteilen.

19. Es hat die ganze Nacht geschneit, am Niederrhein mittlerweile ein seltenes Ereignis. Der Schnee umhüllt und verfremdet die Strukturen und Gegenstände im Garten. Die Buchsbäume tragen weiße Hauben; die Liegen auf der Terrasse sind flauschig zugedeckt. Auf den Zweigen schlafen die Schneeflocken und rieseln bei der ersten Sonne herab. Die Bronzeskulptur des Mannes, der dasitzt und zum Teich blickt, fordert fast Mitgefühl heraus. Man meint, dass er frieren müsse. Die Ruhe, die diese Skulptur ausstrahlt, überträgt sich auf den Betrachter, der dem Blick des gelassen schauenden Mannes folgt. Von dort aus betrachte auch ich oft meinen Garten und erlebe aus diesem immer gleichen Blickwinkel die wechselnden Stimmungen und Jahreszeiten um so intensiver.

Schnee liegt auf den Blüten von Zaubernuss und echtem Jasmin und schadet ihnen nicht.

20. Schnee liegt auf den Blüten von Zaubernuss und echtem Jasmin und schadet ihnen nicht. Auch die Schneeglöckchen machen ihren Namen Ehre und läuten unbeirrt ihre weißen Glocken inmitten der kalten Pracht. Sie blühen in dicken Tuffs unter den Buchen hinter der alten Remisenmauer. Elfenkrokusse schimmern silbrigviolett durch den Schnee. Sie sind die herbeigesehnten Botschafter des Frühlings.

22. Jetzt, da es nicht mehr friert, ist es draußen unangenehm feucht-kalt. Ein guter Tag, um am Sonntagnachmittag ein Stündchen im angenehmen Klima des Treibhauses zu verbringen. Von einem Nachbarn habe ich wie jedes Jahr spezielle Salatpflanzen aus Holland bekommen, die im Treibhaus nicht vergeilen und schöne Köpfe bilden. Wo immer ein wenig Platz zwischen den überwinternden Töpfen ist, pflanze ich sie ein. Die buntlaubigen Pelargonien, die ich voriges Frühjahr gekauft habe, schneide ich zurück und topfe sie mit reifer Komposterde um, wobei ich auch die Wurzeln einkürze. Die abgeschnittenen Triebe setze ich als Stecklinge in sandige Erde. Auch einige letzte Tulpenzwiebeln, die es jetzt billiger gibt, kommen zum Vortreiben in Töpfe mit einfacher Gartenerde.

23. Eigentlich wollte ich nur den Knöterich am Zaun zurückschneiden, damit er nicht die Bäume zuwuchert. Mit der Akku-Heckenschere und einer Astschere bewaffnet gelange ich bis zum Eibenhalbrund, das eine Bank heimelig umgibt. Eine Muse muss mich geküsst haben, denn einer spontanen Eingebung folgend mache ich mich mit beiden Werkzeugen an der Eibenhecke zu schaffen und habe in kurzer Zeit einen Formschnitt gezaubert.
Ich halte erschöpft inne und betrachte zufrieden mein Werk.
Das strenge Formelement der geschnittenen Eiben gibt nun dem Wildwuchs von Blumenwiese und Hecken Struktur – man sieht den schöpferischen Eingriff des Gärtners. Nur dieses Zusammenwirken schafft einen Garten.

24. **Seltsame Geräusche im Haus:** Kratzen, Scharren, hohles Rufen. Aufmerksam lauschend gehe ich durch die Räume, bis ich entdecke, woher die Laute kommen. Sie dringen aus dem Kamin. Ein Käuzchen hat ihn wohl als Höhle angesehen und ist in den Schacht gerutscht. Ich rufe beim Forstamt an und bekomme die Adresse eines Eulenfachmannes. Er befreit nicht nur einen Steinkauz, sondern gleich zwei vorsichtig aus ihrem Gefängnis – die beiden wollten zur Balzzeit wohl nicht voneinander lassen. Andächtig bewundern wir die schönen Vögel, bevor wir sie frei lassen. Sie werden sich ein Leben lang treu bleiben.

Der Pavillon ist eingerichtet.

Seltsame Geräusche im Haus: Kratzen, Scharren, hohles Rufen. Sie dringen aus dem Kamin.

25. **Die selbst gesammelten Samen** der einjährigen Sommerblüher wie Wicken, Kapuzinerkresse und Trichterwinde säe ich in kleinen Töpfen in gekaufter Anzuchterde aus. Meine Komposterde enthält noch zu viele Unkrautsamen. Auch den Ziertabak und den roten Rizinus ziehe ich vor; sie wachsen dann, in große Töpfe gepflanzt, zu eindrucksvollen Erscheinungen heran. Damit die Rizinussamen besser keimen, säge ich sie mit einer Nagelfeile an und lege sie vor dem Aussäen eine Nacht lang ins Wasser.
Kapuzinerkresse mag ich sehr. Als Kinder nannten wir sie „Guck übern Zaun“ und ließen ihre runden Blätter auf dem Wasser schwimmen. Sie blüht jedes Jahr rankend und nicht rankend in allen Farben in meinem Garten und ich bin begierig auf jede neue Sorte. Diesmal ist es eine fast weiße. Ich ziehe auch sie vor, damit sie früher blüht. Sie wird gut als Beetbegrenzung in meinen weiß-blauen Kräutergarten passen. Sind alle Samen in den Töpfen, kann man nur noch regelmäßig gießen und viel Geduld haben. Auf das im Samen schlummernde Leben selbst hat man keinen Einfluss.

27. **Der Pavillon liegt hinter der Weißdornhecke** inmitten der Wildblumenwiese. Er ist von Rosenstämmen der Ramblerrose 'Alberic Barbier' umgeben. Einige besonders lange Rosentriebe bedecken sein Dach. Im Pavillon ist es durch die Sonneneinstrahlung schon warm. Deshalb reinige ich ihn für die neue Gartensaison und richte ihn mit farblich abgestimmten Kissen gemütlich ein. Dabei entdecke ich viele Florfliegen, die hier überwintert haben. Sie sehen zauberhaft aus mit ihren durchscheinenden grünen Elfenflügeln und goldenen Kugelaugen.

Folgende Seiten: Winterruhe für den Teich, Hagebutten und Zaubernuss.

März

3. Heute habe ich den ersten Zitronenfalter gesehen, der noch ganz frisch und etwas unsicher in den ersten warmen Sonnenstrahlen taumelte. Ein Amselhahn greift schon seit längerem einen vermeintlichen Rivalen an – in Wirklichkeit nur sein Spiegelbild im Wintergartenfenster. Er wirkt schon ganz erschöpft. Vielleicht glaubt er ja, erfolgreich zu sein, weil es seinem Gegenüber nicht besser ergeht. Es wird wirklich Frühling! Jeden Tag blühen mehr Narzissen auf. Sie haben sich gut vermehrt. Die Gänse ziehen abends nicht mehr vorüber. Sie sind auf dem Weg in den Norden. Dafür singt nun schon die Amsel ihr Abendlied.

Es wird wirklich Frühling!

4. Heute lasse ich die Hühner wieder frei. Vorsichtig trauen sie sich aus dem Stall und bald scharren sie aufgeregt gackernd die Füße der Rosen frei und helfen mir so bei der Arbeit.

5. Ich freue mich, dass ich heute wie fast jedes Jahr zu den Helleborus-Tagen einer holländischen Gärtnerei fahre. Ich bin auf die neuesten Züchtungen gespannt. Gelbe und gefüllte Christrosen sind dieses Jahr die Stars. Ich kaufe auch einige dieser Raritäten, weil sie einen interessanten und ungewöhnlichen Anblick bieten, und doch finde ich die ursprünglichen einfachen weißen Schalenblüten in ihrer eleganten Klarheit am schönsten. Im schattigen Beet unter der Pergola des Kräutergartens gedeihen sie gut. Und in einer sogenannten „Helleborusecke" unter einer Kastanie im hinteren Teil des Grundstücks stehen Christrosen mit Wildcharakter wie die grün blühende *Helleborus foetidus* und *Helleborus argutifolius*, die sich dort so wohl fühlen, dass sie sich kräftig versamen.

Früher kaufte ich einfach, was ich schön fand und habe viel Lehrgeld gezahlt. Inzwischen bin ich sehr kritisch und begutachte auch Erde und Wurzeln. Leider habe ich aus Gärtnereien auch Ackerwinde und Pflanzenkrankheiten eingeschleppt. Nun erprobe ich erst mit einer Pflanze, ob sie unter den Bedingungen

meines Gartens gedeiht. Erst dann erstehe ich größere Mengen. Gerne tausche ich Ableger bewährter Stauden mit Gartenfreunden.

6. Ich verbringe jetzt jede freie Minute im Garten. Durch den plötzlichen Wärmeeinbruch wächst alles wie verrückt. Die anstehenden Arbeiten häufen sich. Der Boden um die Rosen muss gelockert werden. Sie sollen mit Mineraldünger gefüttert und unbedingt geschnitten werden. Ich entferne an allen Rosen totes und krankes Holz und kürze die Triebe der mehrmals blühenden Rosen ein. Dabei schneide ich die schwachen Triebe kürzer ab als die kräftigen, am besten über einer Knospe, die nach außen zeigt, sodass der Strauch sich schön ausladend verzweigen kann. Das Schnittgut sammle ich in der Schubkarre und bringe es zum Verbrennen an den Feuerplatz, um die Ausbreitung von Pilzkrankheiten zu verhindern. Im Rosenbogengang muss ich die herunterhängenden Triebe festbinden, bevor die frischen Knospen so groß sind, dass sie dabei abbrechen.

Abends schmerzt der Rücken und die Hände haben Muskelkater – wie jedes Jahr im Frühjahr, wenn der Körper sich noch nicht an die vermehrte Bewegung gewöhnt hat.

7. Ich schlafe unruhig. Beim Wandeln durch die Wohnung schaue ich aus dem Fenster: Natürlich, es ist wieder Vollmond! Schnell habe ich Mantel und Schuhe übergezogen und laufe hinaus. Die Narzissen schimmern in einem unwirklichen Licht. Ihre Konturen verschwimmen, sodass sie sich wie in leuchtenden Wogen unter den Esskastanien der Allee ergießen. Die rauhen Stämme der alten Bäume werfen scharfe Schatten, in denen, wenn man genau hinsieht, Elfen tanzen.

8. **Herward stellt heute die Olivenbäume** an ihren Platz im Toskanagarten. Sie treiben sonst in dem sich schon stark erwärmenden Treibhaus aus. Leichte Spätfroste schaden ihnen nicht, wenn sie noch keine frischen Triebe haben.
Der Toskanagarten öffnet sich überraschend, wenn man in den Durchgang zwischen Remise und Scheune tritt, deren Mauern ihn von zwei Seiten umgeben. Den dunklen Hintergrund bildet eine Eibenhecke, die vierte Wand des grünen Raumes ein mit Clematis berankter hoher Zaun.

Wir fahren die Terrakottatöpfe mit einer Sackkarre auf die Terrasse des Toskanagartens, auf der den ganzen Winter über Bänke und ein großer Formschnittbuchs stehen bleiben. Der alte Nussbaum, der den Kompost behütet, ragt mit seinen Ästen über das mit *Clematis vitalba* überwucherte Remisendach und den Außenkamin. Auf dessen Sims stehen die Schalen, die ich demnächst mit Hornveilchen bepflanzen werde. Eine niedrige Klinkermauer begrenzt die Terrasse zum Garten hin. Dieser ist nach Art eines Bauerngartens geometrisch aufgeteilt. Ein zwei Meter hoher Buchskegel, mit einer 60 Zentimeter hohen kreisförmigen Buchshecke umpflanzt, bildet die Mitte. Ein quadratischer, mit Klinkern belegter Weg begrenzt das umlaufende Randbeet. In drei Nischen an diesem Weg laden Stühle zum Verweilen und Schauen ein. Symmetrisch gepflanzte Buchskugeln, Pyramiden und Hecken betonen die strenge Aufteilung der Fläche.

9. **Ich wache davon auf,** dass die Sonne mir ins Gesicht scheint. Hier auf dem freien Land braucht man keinen Vorhang, und da das Schlafzimmerfenster nach Osten gerichtet ist, wird man von der Sonne geweckt. Die Zweige des schwedischen Mehlbeerbaumes reichen inzwischen bis an das Schlafzimmerfenster. Wir haben sechs von ihnen vor 20 Jahren entlang des Weges vor dem Haus gepflanzt. Eigentlich sollten es Ebereschen sein. Inzwischen bin ich aber froh über den Irrtum der Baumschule, weil die Mehlbeere, im Gegensatz zum lockeren Aufbau der Eberesche, eine schöne geschlossene runde Krone bildet.
Ich entdecke die ersten grünen Spitzen an den Zweigenden. Jetzt wird ihnen jeden Morgen mein erster Blick gelten, bis sie voll entfaltet schon die Blütenknospen in ihrer Mitte tragen. Im Mai werden sie dann wie riesige Blumensträuße aussehen. Dieser Vorgang versetzt mich jedes Frühjahr wieder in ehrfürchtiges Staunen.
Die Vögel lieben die Bäume auch. Noch schlaftrunken sehe ich, wie sie in den Ästen turnen. Wenn wir bei offenem Fenster schlafen, werden wir im Morgengrauen durch unverschämt lauten Vogelgesang wachgerüttelt.

10. **Ein Amselhahn und drei Sperlinge** benutzen den flachen Sandsteintrog auf der Terrasse als Bade-

Die rauhen Stämme der alten Bäume werfen scharfe Schatten, in denen Elfen tanzen.

Die Spiegelung im glatten Wasser erscheint wie eine Gegenwelt.

Für die Blumen ist Leitungswasser einfach Wasser, aber Regen ist für sie wie Schokolade.

wanne. Während die große Amsel mit den Flügeln großzügig das Wasser um sich spritzt, warten die Spatzen ehrerbietig. Erst als der schwarze Geselle fortfliegt, stürzen auch sie sich gemeinsam flatternd ins nasse Vergnügen.

11. Jetzt ist Pflanzzeit. Neben neu gekauften Pflanzen müssen die im vorigen Jahr vorgezogenen Zweijahresblumen an ihre vorgesehenen Plätze: der Fingerhut unter die Kastanien der Allee, die Königskerzen in die Wiese und Goldlack und Marienglockenblumen in den Toskanagarten.

14. Schon wieder einen Regenwurm gerettet, der sich über den trockenen Weg quält. Vorsichtig hebe ich ihn auf, setze ihn ins Beet und bedecke ihn mit lockerer Erde. Bei diesem buddhistischen Anflug muss ich schmunzeln. Jedenfalls hoffe ich, dass wenigstens eine lange Reihe Regenwürmer hinter mir her bis zur Himmelspforte kriechen und für mich bitten wird.

15. Ich lege die Haare aus meiner Bürste auf der Terrasse aus und schaue zu, wie Vögel sie einsammeln. Beim Reinigen der Nistkästen im Winter finde ich dann meine Haare als feines Innenpolster in vielen Nestern. Welch ein Kompliment!

16. Es regnet schon den ganzen Tag. Ich schaue ungeduldig aus dem Fenster. Die letzten Rosen müssten unbedingt geschnitten werden. Sie haben schon dicke Sprossknospen angesetzt. Die neu gekauften Rosen sind auch noch nicht alle gepflanzt. Aber heute wird nichts daraus.
Die Narzissen in der Allee leuchten selbst durch die Regenschleier hindurch und ich muss daran denken, was mein Vater mir als kleinem Mädchen erzählte: Für die Blumen ist Leitungswasser einfach Wasser, aber Regen ist für sie wie Schokolade.

17. Früher bepflanzte man erst nach den Eisheiligen Mitte Mai die Blumenkästen. Gartenbaubetriebe bieten nun immer früher ein vielfältiges Sortiment blühender Pflanzen an. Auch ich werde schwach und kaufe weiße Hornveilchen für die Schale auf dem Terrassentisch. Die Quittung dafür bekomme ich sofort. In der Nacht hat sich der Regen in Schnee verwandelt und bedeckt nun die erstaunt blickenden Blütengesichter.

19. In der Abenddämmerung werde ich durch eine Bewegung auf dem Boden aufmerksam und finde eine Kröte auf der Suche nach dem Teich. Ich nehme sie in die Hand und küsse die warzige Haut. Nichts geschieht! Ich suche mir einen Frosch. Wieder nichts! Was man nicht alles für seine Töchter tut.

20. An diesem warmen Märztag öffnen sich dicht gedrängt die Kelche des Krokus 'Giant Ruby', die ich im Herbst am Hauptweg eng gesetzt habe. Ich bin entzückt von den blauviolett leuchtenden Blüten, die genau die Farbe der Veilchen aufnehmen, die überall in duftenden Teppichen den Boden bedecken.

21. Auf dem Teich schwimmt gravitätisch ein Graugänsepaar. Wieder eines, dem es hier so gut gefällt, dass es sich die Reise in den Norden spart. Es schaut sich zufrieden um. Sicher wähnt es, sein Paradies zum Brüten gefunden zu haben. Nachdem ich es eine Zeit lang beobachtet habe, nähere ich mich vorsichtig, aber die schönen scheuen Vögel ziehen schimpfend ab. Mit den Stockentenpaaren, die

Lieben oder hassen Amseln gelbe Krokusse?

jetzt an den warmen Vorfrühlingsabenden prüfend über den Teich ihre Runden ziehen, verfahre ich weniger einfühlsam. Ich vertreibe sie mit Händeklatschen und Armwedeln. Ich möchte nicht, dass sie im Schilf des Teiches brüten, weil sie Fischlaich ein-

schleppen, durch Gründeln die Wasserpflanzen beschädigen und überhaupt alles fressen und zerwühlen.

25. **Lieben oder hassen Amseln gelbe Krokusse?** Die Art, wie sie sich auf die Blüten stürzen und sie mit ihren Schnäbeln zerfetzen, lässt beide Deutungen zu. Ich werde jedenfalls nur noch die blauen Elfenkrokusse setzen, die sich in meiner Wiese auch am besten vermehren.

26. **Im Treibhaus habe ich heute** den ersten Kopf Salat für das Mittagessen geschnitten. Er schmeckt mindestens dreimal so gut wie der aus dem Supermarkt, vor allem mit der ersten frischen Zitronenmelisse aus dem Kräutergarten und einigen noch zarten Löwenzahn- und Brennnesselblättern von der Wiese. Es ist ratsam, die Brennnesselblätter vorher in Salzwasser zu waschen, damit sie nicht mehr brennen, und sie heimlich unter den Salat zu mischen.

27. **Der Steinsame,** der den Boden unter dem alten Thuja-Baum im Kräutergarten bedeckt, treibt wieder aus, nachdem ich die trockenen Ranken des Vorjahres einfach mit dem Rasenmäher abgeschnitten habe. Im Katalog stand: geeignet für schwierige Gartenplätze. Das hat er wahrlich bewiesen, denn lange Jahre war unter dem Baum nur ein mit trockenen gelben Nadeln bestreuter toter Fleck. Im Juni zieren den Steinsamen Blütenwickel, die ihre Farbe von Rosa in Enzianblau wandeln. Nur eins ärgert mich: Kaum hatte ich mir den sinnvoll klingenden Namen *Lithospermum purpurocaeruleum* eingeprägt, wurde er in *Buglossoides purpurocaeruleum* umgewandelt. Auch meine Kapuzinerkresse heißt statt *Tropaeolum* jetzt *Nasturtium*,

Ich nehme die Kröte in die Hand und küsse die warzige Haut. Nichts geschieht!

die Engelstrompete auf der Terrasse statt *Datura* jetzt *Brugmansia*. Taufe ich doch auch meine Kinder einfach um.

28. **Als ich abends aus dem Fenster** im ersten Stock schaue, traue ich meinen Augen kaum. Im Ramblerrosengang spaziert ein Reh mitten auf dem Weg und knabbert zierlich einmal rechts und dann wieder links an den jungen Rosentrieben. Da das Grundstück ganz umzäunt ist, muss es sich durch das offene Gartentor getraut haben, um an diese Delikatesse zu gelangen. So groß ist meine Tierliebe allerdings nicht, dass ich dafür meine Rosen opfern würde. So wird die Familie herbeigerufen und wir organisieren eine kleine Treibjagd, bis das Reh wieder durch das Tor in das Waldgebiet der Hees zurückgefunden hat. Ein wenig trauern wir dem mit

unseren Rosenknospen gemästeten Rehbraten nach, so mit Rotkohl und allem.
Die frisch gepflanzten Rosen müssen wir also doch wieder mit Draht gegen Verbiss schützen. Auch neu gepflanzte Bäume bekommen eine Manschette, um nagende Besucher abzuweisen. Seit ich Katzen habe, hält sich die Kaninchenplage in Grenzen. Den Vögeln helfen wir zum Ausgleich, indem wir nur Kästen mit Schutzvorrichtungen gegen Räuber aufhängen.

29. Ich pflanze eine neue *Clematis montana* 'Rubens' an die Scheunenwand, nachdem die alte Pflanze, die das gesamte 9 Meter hohe Scheunentor und noch einen Teil des Daches bedeckt hatte, im vergangenen Winter abgestorben ist. Mit Trauer haben wir die wie Seile geformten Triebe abgeschnitten. Zurück blieb eine kahle Wand. Es tröstete mich nur wenig, dass man wieder den Klötzchenfries unter dem Dach und die Steigerlöcher in der alten Mauer aus Feldbrandsteinen sehen konnte.
Die *Clematis montana* ist gegen die Pilze resistent, die die gefürchtete Clematiswelke verursachen, bei der plötzlich die gesamte Pflanze welkt und zum Teil abstirbt. Von ihr sind vor allem großblumige, frühblühende Sorten betroffen, wie die beliebte 'Nelly Moser' und 'Madame le Coultre'. In die Kletterrosen lasse ich deshalb vor allem die kleinblütigen *Viticella*-Sorten ranken.

30. Meine jüngere Tochter Hannah kommt vorbei. Sie wünscht sich Sauerampfersuppe, ihr Lieblingsessen aus Kindertagen. Rasch haben wir genügend junge Blätter gesammelt, die jetzt reichlich in der Wiese wachsen. Auch Brennnessel, Löwenzahn und Vogelmiere enthalten zehnmal soviel Vitamine wie Kopfsalat. Selbst vom Scharbockskraut, das jetzt große Flächen in meiner Wiese überzieht, kann man die Blätter im Salat verwenden. Auch Knoblauchrauke und Taubnessel bleiben nicht verschont und die Fiederblättchen der Schafgarbe sind ein kräftiges Würzkraut. Bärlauch habe ich unter den Buchen ausgesät, wo er gut gedeiht. Er hat in Form von Pesto und Suppe Einzug in die Gourmetküche gehalten. Und was man alles aus Girsch zaubern kann: Die jungen Blätter sind kleingeschnitten als Salat und gekocht als Spinat zu verwenden oder als Pesto, Pfannkuchen, Frischpresssaft oder getrocknet als Tee. Leckerer kann man Unkraut nicht bekämpfen.

Rechts: Baumblüte am Teich.
Unten: Kastanienallee im Frühjahr.
Folgende Seiten: Der Garten erwacht.

1. Meine Bachstelze ist wieder da. Sie läuft wippend über den Dachfirst des Schweinehauses, als wollte sie ihre alte Heimat begrüßen. Das Efeu auf dem Dach, in dem sie voriges Jahr ihr Nest gebaut hatte, mussten wir entfernen, weil es die Dachpfannen hochhob. Wird sie einen anderen Nistplatz finden?

2. Ich habe in der Wiese einen Kreis weißer Narzissen 'Ice Wings' gesetzt, die jetzt in voller Blüte stehen. Ich sitze inmitten dieses zart duftenden Kreises nickender Blüten und fühle mich wie von einem magischen Raum umgeben. Ich spüre die Blüten selbst in meinem Rücken.

April

4. Ich kenne alle Zwerghuhnnester, aus denen ich jetzt die kleinen hübschen Eier für das Osterfest sammle. Das heißt, ich kenne fast alle, denn am Ende des Jahres entdecken wir beim Mähen und Aufräumen noch so manches geheime und gut verborgene Gelege. Die Ostereier koche ich in einem Sud aus roten Zwiebelschalen, wodurch sie eine tiefe braunrote Farbe bekommen. Blätter, die ich mit einem Nylonstrumpf um die Eier festgebunden habe, bilden sich hell und filigran ab.

5. Es steht ein honigfarbener Vollmond am Himmel. Ich muss in meinen Garten gehen, der verändert und verzaubert wirkt. Die Schatten sind dunkler, die Konturen deutlicher. Die weißen Blüten der Narzissen leuchten fremdartig, wie phosphoreszierend. Griselda streicht um meine Beine und schnurrt leise. Auch sie ist mondsüchtig.

7. Die Terrakottagefäße auf dem Sims des Außenkamins und die Schalen auf den Terrakottasäulen der Terrasse habe ich heute mit Hornveilchen bepflanzt. Das ist gar nicht so einfach. Ich nehme mir jedes Jahr dafür einen ganzen Nachmittag Zeit, um in mehreren Gärtnereien besondere Sorten auszusuchen. Ich pflanze die Hornveilchen dicht bei dicht und habe die Erfahrung gemacht, dass sie sich in lehmiger Erde besser halten. Sie werden nun bis zum Hochsommer ununterbrochen blühen, wenn man das Abgeblühte herausknipst und sie einmal die Woche mit Flüssigdünger gießt. Danach schneide ich sie zurück und pflanze sie im Beet aus, wo sie je nach Sorte im Herbst und auch im nächsten Jahr wieder blühen.

8. Als ich heute morgen aus dem Fenster schaue, sehe ich mit Schrecken, dass der Garten mit Reif bedeckt ist. Der Wassertrog auf der Terrasse trägt eine Eisschicht und die frisch gepflanzten Hornveilchen in den Schalen sehen traurig aus. Sie neigen ihre Köpfe, die Blätter sind glasig, die Erde in den Schalen fest gefroren. Entgegen der Wettervorhersage hat ein plötzlicher Frost von minus 4 Grad C den frühlingshaften Garten ereilt. Aber ein kleines Wunder geschieht: Mit der wärmenden Sonne taut der Boden, die Köpfchen der Violen richten sich auf – sie haben überlebt. Die nächsten Nächte werde ich die Schalen abdecken.

12. Unsere Hausspatzen haben wieder mit herumfliegenden Grashalmen und trockenen Blättern eine ziemliche Unordnung verursacht. Täglich sammle ich Blätter und Halme von den Schalen unter dem Torbogen. Sie decken die zarten blauen Blüten der Bacopa ab und nehmen ihnen das nötige Licht. Diesen polsterbildenden Dauerblüher, auf deutsch „Schneeflocke", gibt es entgegen seinem Namen jetzt auch in hellem Violettblau. Nachdem ich gelesen habe, dass die Zahl der Spatzenvögel stark zurückgeht, freue ich mich, dass sie unter der Holzverkleidung am First der Tenne offensichtlich gern ihre Nester bauen, aus denen oft lange Halme heraushängen. Sie scheinen ständig um- und anzubauen und streuen das Nistmaterial dabei großzügig in der Gegend herum. Zwar helfen sie im Verein mit den Staren meine Süßkirchen zu plündern, aber ich liebe sie trotzdem, vor allem, wenn sich die Spatzenhähne in Pulks tschilpend herumbalgen.

14. Nach einer Woche Nachtfrost wird es überraschend fast sommerliche 25 Grad warm. Das Wetter schlägt Kapriolen. Die letzten Narzissen 'February Gold' und 'Dutch Master', die sich im Frost geduckt hatten, verblühen jetzt rasch und es beginnt die einförmige aber sinnvolle Arbeit, die verblühten Narzissenköpfe abzupflücken, damit keine Kraft in die Samenbildung geht, sondern sich in der Zwiebel für die Blüte im nächsten Jahr sammelt. Sie bekommen danach gleich wie zum Trost für die rabiate Behandlung eine Handvoll Hornspäne an die Füße. Auf diese Weise werden die Narzissentuffs jedes Jahr größer und dichter. Dieser rückenstrapazierenden Arbeit in halb gebückter Stellung kann ich Gutes abgewinnen, indem ich dabei um mich schaue und staune, wie schnell alles wächst.

Blütenschnee trudelt vom alten Birnbaum leise durch die Luft.

15. Wie jedes Jahr um diese Zeit überlege ich, ob ich die Wiese im Innenhof, die als einzige regelmäßig kurzgehalten wird, mähen oder den Gänseblümchen noch eine Gnadenfrist geben soll, ihre weißen kindlichen Blüten in die Sonne zu strecken. Ich entscheide mich für die Gänseblümchen – wie jedes Jahr.

16. Jetzt beginnt die weiße Phase in meinem Garten mit der Blüte der alten Obstbäume und der weißen Narzissen. Der alte Birnbaum schmückt seine knorrige Gestalt mit unzähligen Blütentuffs, die sich festlich wie weiße Spitze von der dunklen derben Rinde abheben. Die Dichternarzissen breiten einen zarten Schleier über die Wiese. Aus anmutig nickenden Knospen erheben sich bei jedem Windhauch schwankende, seidig schimmernde Blüten, mit dem berühmten, kupferroten „pheasant's eye" in der Mitte.

17. Die Dichternarzissen auf der Wiese holen das Weiß der Baumblüte vom Himmel auf die Erde herab. Das Himmelsblau leuchtet im Wasser auf, das wiederum das Weiß der Narzissen spiegelt – Realität und Traum vermischen sich.

18. Im Halbschlaf erfreut mich die Vorstellung, unserem Hahn, der am Sonntagmorgen in aller Herrgottsfrühe unentwegt unter dem offenen Schlafzimmerfenster kräht, den Schnabel mit einem Gummiband zu verschließen… obwohl er nur halb so lautstark ist wie der liebestolle Pfauhahn des Nachbarn.

20. Blütenschnee trudelt vom alten Birnbaum leise durch die Luft, bedeckt die Wiese neben den weißen Dichternarzissen und sinkt auf die Wasseroberfläche, wo der Fieberklee weiß blüht.

Gänseblümchen – zu schön zum Abmähen.

22. Welch eine freudige Überraschung! Als ich am Fenster des Schlafhauses – des ehemaligen Schweinestalls – stehe, entdecke ich an dem Zweig der *Rosa banksia*, der sich in das Fenster wiegt, winzige Knospen! Die Rose bedeckt zwar schon die halbe Wand, hat aber in den drei Jahren, in denen sie sich üppig und gesund ausbreitete, noch nie geblüht. Jetzt bekommt sie gleich eine extra Portion Wasser, weil es seit Tagen nicht geregnet hat und ich werde mit Spannung beobachten, wie sich die unscheinbaren kleinen Knospen zum ersten Mal entfalten.

24. Nachdem ich zwei Stunden lang kniend die Wege im Kräutergarten von Unkraut befreit habe, gönne ich mir eine Pause in der ersten warmen Sonne, dick in eine Decke gepackt, ein spannendes Buch zur Hand. Zum Glück fehlt nur noch eine Tasse Capuccino. Als ich aus der Küche zurückkomme, die verlockend duftende Tasse in der Hand, muss ich lachen. Meine Katze hat auf dem vorgewärmten Sitz Platz

genommen und es sieht aus, als hätte sie gerade lässig Lesebrille und Buch zur Seite gelegt.

25. **Vom Meer rundgeschliffene Kiesel,** aufgelesen auf langen Spaziergängen am Strand der Bretagne, habe ich zur einer Pyramide aufgeschichtet, wie es in Island zur Wegemarkierung üblich ist. Ihre steinerne Unveränderlichkeit lässt die sie umspielenden Pflanzen umso lebendiger und vergänglicher erscheinen. So halte ich die Erinnerungen an meine liebsten Reiseziele wach.

27. **Das heiß ersehnte Paket mit Pflanzen** ist angekommen. Mein Sohn hat vor einiger Zeit versprochen, mir einige Pflanzen, die ich bewundert habe, zuzusenden: einen lachsfarbenen, schalenförmigen Mohn, Meerkohl und eine schwarzblaue Iris. Ich sortiere die liebevoll verpackten Ableger und stelle sie zum Teil in Wasser, damit sie sich erst einmal erholen können. Heute Nachmittag wird gepflanzt.

29. **Auf dem alten Mühlstein** steht eine Sammlung von Wolfsmilchgewächsen, wie die *Euphorbia amygdaloides purpurea*, die jetzt über das dunkelrote Laub auffällige gelbgrüne Blütenstände hebt. Sie bleibt bis in den Juni hinein attraktiv, dann müssen die trockenen Samenstände abgeschnitten werden. Ich schlage sie über offenem Boden aus und habe auf diese Art viele neue Sämlinge erhalten. Die *Euphorbie characias* subsp. *Wulfenii* überwintert im Treibhaus, weil sie frostempfindlich ist. Ihre impo-

santen hellgrünen Blütenstände kenne ich aus englischen Gärten. Dort steht auch noch eine namenlose Euphorbienschönheit mit zierlichem dunkelrotem Laub, die ich vor einiger Zeit geschenkt bekam.

30. **Weil ich sie im Treibhaus vorgetrieben habe,** erfreuen die herrlichen lilienblütigen Tulpen 'White

Die Dichternarzissen holen das Weiß der Baumblüte auf die Erde herab.

Triumphator' uns jetzt schon im großen Terrakottatopf auf der Terrasse. An Stelle der Schneeglöckchen habe ich zehn einzelne Plastiktöpfe mit je sechs Tulpen zusammen in den Terrakottatopf gesetzt, in dem ich soviel Erde ließ, dass sie in der richtigen Höhe herausschauen. Die Oberfläche habe ich mit etwas Erde bedeckt, sodass man die Plastiktöpfe nicht sieht. Anfang Juni werde ich die Tulpen durch Töpfe voller Königslilien ersetzen. So gucken wir selbst bei schlechtem Wetter vom Wintergarten aus immer auf ein Blütenmeer.

Rechts und folgende Seiten: Birnbaumblüte und Narzissen.

Mai

1. Dirk hat ein gefährlich fauchendes Fabeltier aus Ton modelliert, das nun aus dem Loch am Fuß der Esskastanie kriecht. Dies ist eine der Höhlungen, die durch die Sanierung der Bäume entstanden sind. Im Krieg war hier Frontgebiet. Als wir den Hof übernahmen, bluteten mehrere Kastanien noch immer aus schwarzen Wunden, in denen Granatsplitter steckten.
Der Baumdoktor entfernte die faulenden Stellen und Splitter und zurück blieben längst vernarbte Höhlungen.

3. Weit öffnet sich an schönen Tagen die Terrassentür und schließt den Garten als Lebensraum mit ein. Dann ist die Terrasse das liebste Wohnzimmer und ein Frühstück im Freien bringt Ferienstimmung in den Alltag. Der Garten hat sich den wechselnden Bedürfnissen der Familie angepasst. Früher war die Terrasse, mit einem Holzgitter abgetrennt, ein sicheres Freiluft-Spielzimmer. Giftige Topfpflanzen wie Oleander und Engelstrompete wurden ausquartiert. Später füllten wir das Auskiesungsloch inmitten des Grundstücks mit Rheinsand. Dort buddelten die Kinder zufrieden und für die Erwachsenen stand ein Strandkorb zur Verfügung. Wir nannten die Idylle „San Garteno". Damals war das Gelände hinter der Sandkuhle noch eine Wildnis aus Brombeeren, Holunder und Weiden und die Kinder hatten dort geheime Wege und Verstecke. Dieser Abenteuerspielplatz war so weitläufig, dass ich sie mit einer Schiffsglocke ins Haus rufen musste.

Ich fröne wieder meinem abendlichen Vergnügen: Schneckensammeln.

Als die Kinder größer wurden, legten wir das Sandloch mit Folie aus und unser Teich entstand. Unter der Folie liegen bestimmt noch etliche Playmobil-Figuren. Ein Kinderhaus, in das genau zwei Luftmatratzen passten, um mit Freunden zu übernachten, war die nächste Attraktion. Ich sah bis spät in die Nacht die Taschenlampen leuchten. Die Kinder bauten dann selbst das obligatorische Baumhaus, dessen Boden noch heute in der Kastanie zu sehen ist. Damals musste ich bei Bedarf den am Seil heruntergelassenen Korb mit Proviant füllen. Knut errichtete sich mit Freunden eine Palisadenburg. So birgt der Garten für mich viele Erinnerungen.

5. Das gehört zu den Überraschungen im Gärtnerleben: Die Banksrose, auf deren erste Blüte ich mich nun schon lange freue, blüht, aber es ist nicht die gelbe *Rosa banksiae* 'lutea', sondern die gefüllte weiße, nicht mehr als gänseblümchengroße *banksiae* 'alba plena'. Sie ist zwar nicht die, die ich wollte, aber so zart und schön, dass sie stehen bleiben darf.

6. Ich fröne wieder meinem abendlichen Vergnügen: Schneckensammeln. Während die übrige Familie vor einem spannenden Film sitzt, muss ich auch noch Spott ertragen, als ich mit Gummihandschuhen und Plastiktüte bewaffnet losziehe, um den Schnecken, die sich zur Abendzeit in meinem Garten gütlich tun, den Spaß zu verderben. Ich habe ihnen schon Bierbäder und Versammlungsorte unter Melonenhälften geboten, um sie von Rittersporn, Iris, Hostas und Krötenlilien abzulenken. Das hat nichts genutzt. Nun sammle ich sie in Eimern, um sie dann im nahegelegenen Wäldchen auszusetzen. Allerdings habe ich den Verdacht, dass sie eiligst wieder in meinen Garten zurückkommen.
Als ich gestern entdeckte, dass ihre gierigen Zungen die mühevoll vorgezogene und frisch ausgepflanzte glatte Petersilie bis auf die Stümpfe abgeraspelt hatten, packte mich die Wut. Eine nichts Böses ahnende Schnecke hatte das Pech, mir gerade in diesem Augenblick über den Weg zu kriechen. Ich zerteilte das schleimige Biest an Ort und Stelle mit dem Spaten. Dabei hat es mich so geschüttelt, dass ich die Überlebenden in eine Plastiktüte sammelte, die prall gefüllte Tüte zuband und in den Mülleimer warf. Doch mein Gewissen ließ mir keine Ruhe und noch in der Nacht befreite ich sie aus ihrem Gefängnis.
Meine Hühner mögen die Nacktschnecken auch nicht, picken zwar mal versuchsweise, putzen sich aber dann hektisch die von Schleim verklebten Schnäbel. Bleiben nur noch Igel, Spitzmäuse, Maulwürfe und Kröten als Verbündete im Schneckenkampf. Aber die in meinem Garten häufige spanische Wegschnecke verschmähen auch sie, denn diese in den 1960er Jahren mit Salatimporten eingeschleppten Einwanderer sind besonders schleimig.

Allerdings hat man schon Igel beobachtet, die sie über den Boden rollen, um sie zu entschleimen und dann doch zu fressen.
Als neue Geheimwaffe gilt es, den Garten mit Kaffee zu besprühen. Selbst das werde ich ausprobieren, aber eigentlich haben sie es nicht verdient, neben Bier jetzt auch noch mit Kaffee verwöhnt zu werden. Dabei mag ich Schnecken eigentlich, die Art, wie sie ihre Augen aus den Fühlern stülpen, die Fühler lang machen und auf leiser Sohle beharrlich ihres Weges kriechen. Ich hätte ja nichts gegen sie, wenn sie sich von Giersch und Winden ernähren würden. Vielleicht kann man sie ja wie die Weinbergschnecken essen. Doch bei dem Gedanken an Nacktschnecken in Bier mit Petersilie läuft mir nicht gerade das Wasser im Mund zusammen.

7. Die kleine Magdalena, die Tochter meines Patensohnes, ist auf Besuch. Sie ist von den zahmen Zwerghühnern fasziniert und hat, weil sie so klein sind, keine Angst vor ihnen. Sie hört nicht auf, um Körner zu bitten, die sie den Hühner hinstreut.
Meine Kinder sind mit den Hühnern aufgewachsen. Jedes Kind hatte seine Lieblinge, die dann auch Namen bekamen. So nannte Hannah ihre Henne Hanna ohne „h“ am Ende, damit man sie beide voneinander unterscheiden konnte, und ihren Hahn Hannibal. Er war so zahm, dass er sich Hannahs Schulter zum Lieblingsplatz erkoren hatte. Hannibal und Hanna lebten in nicht artgemäßer Zweierverbindung und blieben, als Hanna Küken hatte, als Familie zusammen. Während Hanna die Küken huderte, beschirmte Hannibal mit ausgebreiteten Flügeln Glucke und Küken.

8. Ein Bekannter, ein Künstler, schaut zufällig vorbei. Er wirft einen langen Blick auf meinen besonnten Garten, dreht sich auf dem Absatz herum und stürmt mit den Worten „Komm' gleich wieder!“ zu seinem Auto. Nach einer halben Stunde ist er zurück mit Leinwand und Farben, sitzt im Garten und malt und malt und malt. Das Pferd, das sich bereits auf der Leinwand befunden hatte, ist am Abend hinter urwaldähnlichen Pflanzen und geheimnisvollen Blüten verborgen.

9. Schon stehen im Treibhaus große Terrakottaschalen voller verschiedener Basilikumsorten. Basilikum ist ein Lichtkeimer. Man braucht den Samen nur auf die Erde in den Schalen zu streuen und gut zu gießen. Auf Basilikum möchte ich in meiner Küche nicht mehr verzichten.

Als neue Geheimwaffe gilt es, den Garten mit Kaffee zu besprühen.

10. Die Minze treibt erst jetzt zaghaft aus. Um das Minzebeet frühlingshaft zu beleben, habe ich im vergangenen Oktober die Zwiebeln der sehr spät und lang blühenden Tulpe *viridiflora* 'Spring Green' gesetzt, die jetzt ihre edel geformten weiß-grünen Blüten in dem sonst noch kahl wirkenden Beet erhebt. Nach der Blüte schneide ich die Fruchtkapseln heraus, damit sie im nächsten Jahr wieder blüht. Beet für Beet lockere ich den Boden um die Kräuter

vorsichtig durch Hacken und zupfe die hier unerwünschten Wildkräuter aus. Ein freies Beet grabe ich um und säe Dill und glatte Petersilie ein. Wenn sie aufgegangen sind, werde ich sie mit Holzasche aus dem Kamin umstreuen, zum Schutz gegen die Schnecken, die meinen Sammelaktionen entkommen sind.
Der Kräutergarten ist mit einem geometrischen Raster aus Klinkerwegen in kleine Beete unterteilt. In jedem Beet wächst ein Kraut in möglichst vielen Sorten wie Salbei, Thymian, Wermut, Zitronenmelisse, Bergbohnenkraut, Ysop, Estragon, Wein- und Eberraute, Liebstöckel, Fenchel und Minze.

13. **An diesem sonnigen Morgen** lustwandle ich durch meinen Garten und pflücke dabei einen Strauß. Blaue Hasenglöckchen und weiße Dichternarzissen in der Allee, gefüllten zartvioletten Flieder und den ersten Wiesenkerbel, dazu Zweige des Bluthasels, die lilienblütige Maitulpe 'White Triumphator' im Kräutergarten und *Geranium phaeum* am Treibhaus. Das *Geranium* und der Bluthasel zeigen die gleiche eigenartige braun-lila Farbe und der Strauß erfüllt das Zimmer mit Frühlingsdüften.

14. **Ganz in meiner Nähe tummeln sich** drei kleine Vögel in den Myrtenbäumen. Sie wirken noch zierlicher als Zaunkönige, weil sie so schlank sind. Es sind vermutlich junge Zilpzalpe, die mit dem Schwanz wippend in steter Bewegung geschickt durch die Äste huschen. Ich halten ganz still, um sie nicht zu verjagen, befreien sie doch die Myrten von Schädlingen. Eines der munteren zarten Geschöpfe hat eine weiße Motte gefangen, setzt sich auf die Lehne der Gartenliege und lässt die Beute mit sichtlichem Genuss in seinem spitzen Schnabel verschwinden. Sein plappernder, fröhlicher Gesang, der ihm seinem Namen eingebracht hat, war schon im März zu hören.
Ich bin stolz auf die vielen Vögel in meinem Garten. Sie finden geeignete Nistplätze in den aufgehängten Kästen, den Höhlungen der alten Bäume, in den Wildhecken und Rosengestrüppen. Samen und Insekten in der Wildblumenwiese bieten ihnen reichlich Futter. Sie bedanken sich, indem sie auch die Schadinsekten von meinen Pflanzen sammeln.

15. **Heute hat mein jüngerer Sohn Knud** auch die letzten frostempfindlichen Kübelpflanzen aus dem kleinen Treibhaus nach draußen gebracht. Dieses Treibhaus steht über dem Heizungskeller und wird allein durch Abwärme temperiert. Wir stellen die Kübel zuerst in den dunklen Schatten der Schweinehauswand, weil die Blätter noch UV-empfindlich sind und leicht verbrennen. Ich gieße und dünge Engelstrompeten und Geranien, Zitronengras und die Riesenbrennnessel aus Honduras.

16. **Zu kalt, zu heiß, zu nass, zu trocken.** Das Wetter ergeht sich in Extremen. Der Gärtner erfährt die Klimaveränderung hautnah. Die Eisheiligen waren dieses Jahr wieder nicht frostig, sondern mild. Auch sie sind nicht mehr das, was sie einmal waren: verlässliche Wegmarken im Laufe der Jahreszeiten. Servatius, Bonifatius und die kalte Sophie liegen im Warmen auf der faulen Haut, anstatt ihre Pflicht zu erfüllen und es noch einmal Mitte Mai kräftig frieren zu lassen.

17. **In der Nische vor der Pferdestallwand** sammelt sich so einiges an Töpfen mit Pflanzen, die ich besonders beobachten will, Töpfe voller Ableger, Neugekauftem und Gesammeltem. Ich nenne das meine „Toskanabank". Auf Reisen in südliche Länder erfreue ich mich immer wieder an den bunten Ansammlungen von Pflanzgefäßen, die so unbefangen vor den Häusern auf Simsen, Fensterbänken, Mauern, Tischen und Stühlen aufgestellt sind.

18. Als ich heute aus dem Fenster auf den Weg blicke, entdecke ich die erste prächtige weiße Blütentraube der Glyzinie, die ich seit Jahren waagerecht an der Vorderfront des Hauses entlang lenke und die bisher noch nie geblüht hat.

19. Im Toskanagarten erheben sich jetzt auf hohen, straffen Stielen die bis zu 20 Zentimeter großen, aus vielen rotvioletten Einzelblütchen gebildeten Blütenkugeln des Riesenlauchs. Bei so viel Blütenpracht sieht man ihnen gerne nach, dass seine langen, riemenförmigen Blätter schon jetzt an den Spitzen unansehnlich welken. Ich habe ihn deshalb zwischen die Taglilien gepflanzt, deren dichte Blätter diesen nicht so schönen Anblick etwas verdecken. Nur der Blauzungenlauch zieht seine beiden gebogenen bläulich grauen Blätter erst lange nach der Blüte ein. Er passt gut zwischen die ebenso graulaubigen Wermutsorten im Kräutergarten. Die strohfarbenen Samenstände des Riesenlauchs lasse ich noch lange stehen und verwende sie in Trockensträußen.

20. Wie ein Hochstapler steht er da: Mein Giersch im feinen Impruneta-Terrakottatopf. Immerhin ist es ein panaschierter aus einer feinen Londoner „nursery“. Ich habe ihn bewusst mitten in eine ordinäre grüne Gierschansammlung gestellt. Dort erschreckt er alle Gärtner, die das Feindbild „Giersch“ in ihrem Herzen tragen. Dabei ist er ein erfolgreicher Überlebenskünstler, der es anderen Pflanzen schwer macht, neben ihm zu wachsen. Deshalb wird er in England als Bodendecker eingesetzt. Seine weißen zarten Blüten sehen außerdem in Sträußen hübsch aus. Wo der Giersch nicht erwünscht war, habe ich ihn erfolgreich großflächig bekämpft, indem ich ihn immer wieder mit dem Rasenmäher gekappt und Gras dazwischen gesät habe. Nach einigen Monaten ist so anstelle des Gierschfeldes eine saubere Rasenfläche entstanden.

21. Im vorigen Jahr pflanzte ich Hornveilchen rund um den großen Lorbeerbaum vor dem Tennentor. Sie haben sich versamt und füllen in diesem Jahr ohne mein Zutun den ganzen Topf.

22. Auf dem samtigen Gras der gemähten Wege gehe ich andächtig durch die Wildblumenwiese, die jetzt von den weißen Blütenwogen des Wiesenkerbels überschäumt. Weiß blühen auch die ersten Rosen um den Pavillon, die Weißdornhecke und der mit einem schwarzen Auge blickende Rhododendron 'Sappho‘. Auch die Blumen- oder auch Manna-Esche schmückt sich mit ansehnlichen duftenden Blütenrispen in Weiß. Sie ist in Südeuropa beheimatet und hat sich seit Jahren ohne Frostschäden am Niederrhein behauptet. Mit ihrer ansprechenden runden Krone und den dunkelgrünen glänzenden Fiederblättern ist sie auch außerhalb der Blüte ein Schmuck in der Wiese.

23. In der Wiese blühen die ersten Gräser: der Glatthafer auf meterhohem Halm mit großer reichverzweigter Rispe und das Wollige Honiggras mit hellrosa oder leicht violett getönten Ährchen. Ich mag es besonders, weil seine Blätter und die den Halm umhüllenden Blattscheiden fein behaart sind und sich flaumigweich anfühlen. Sie sehen zauberhaft zwischen den ersten rosa Rosen aus.

Gräser haben mich schon immer fasziniert, vor allem wegen der Statik der langen dünnen Halme, die die schweren Blüten- und Fruchtstände tragen, sich vor jedem Windhauch beugen und doch mühelos mit ihrer Last wieder aufrichten.

24. Der Rhododendron 'Cunningham White', der im Halbkreis die Bank umgibt, bildet mit seiner strahlend weißen Blüte einen leider nur kurzlebigen Höhepunkt. Ein Gartenfreund und Rhododendron-Fachmann benutzt ihn deshalb nur als Unterlage beim Veredeln. Aber die Dickkopfrüssler, die so gern nachts Rododendronblätter ansägen, scheinen ihn zu verschmähen und auch die gefürchteten schwarzen Knospen habe ich an ihm noch nicht entdeckt. Ich will mich deshalb von den nun schon stattlichen Pflanzen nicht trennen.

25. Jeden Morgen gieße ich die Pflanzen in Schalen und Töpfen, damit sie gut versorgt den Tag überstehen. Besonders im Mai darf es ihnen nicht an Wasser fehlen, weil für sie jetzt Hauptwachszeit ist. Alle Myrten auf der Terrasse, Basilikum und Rosmarin, Thymian und Zitronenverbene im Kräutergarten, Tomaten und Gurken im Treibhaus, Oleander und Olivenbäume im Toskanagarten müssen gegossen werden, und dennoch wird mir die Zeit nicht lang. Beim Gießen trödle ich genüsslich, die linke Hand hält den Schlauch, während die rechte das eine oder andre welke Blättchen absammelt, hier und da aus der Erde des Topfes ein Unkraut zupft. Warum ist die Schopflilie welk? Die Erde ist feucht genug. Ich drehe den Topf um und stelle fest, dass das Bodenloch verstopft ist. Als ich es mit einem Holz aufstoße, läuft fauliges Wasser ab. Hoffentlich erholt die aparte grüne Lilie sich wieder.
Auch die Terrakottatöpfe werden von außen abgeduscht, um ausgeschiedene Sintersalze zu entfernen. Es scheint so, als ob meine Pflanzen diese Zuwendung genießen, denn wenn ich verreist bin, nehmen sie es ausgesprochen übel, von anderer Hand gegossen zu werden.

26. Mit drei *Gunnera*pflanzen aus der Gärtnerei wage ich einen neuen Versuch. Ich pflanze sie in den sumpfigen Boden der hinteren Teichecke. Zweimal schon sind mir einige erfroren. Ich werde sie kommenden Winter mit einer noch dickeren Laubschütte und vielleicht zusätzlich mit Tannenzweigen abdecken. Es muss doch gelingen.

27. Ich wechsle meine Ruheplätze je nach Jahreszeit. Der schönste Platz im Garten ist jetzt auf der Bank unter der Pergola im Kräutergarten, wenn die Rose 'Constance Spry' blüht. In jeder Verschnaufpause sitze ich hier und schaue gegen das Licht nach oben, wo die Blüten durchscheinend wie aus zartester rosa Seide schimmern.

28. Obwohl die Esskastanien in ihrer Heimat Hunderte von Jahren alt werden, sagt man, dass sie in der Fremde hier am Niederrhein 100 Jahre wachsen und 100 Jahre sterben. Bei unserem mächtigen Hofbaum, der das Rund von Schweinehaus, Haupthaus, Remise und Scheune schließt, macht sich das langsame Absterben stärker bemerkbar als bei den ebenso alten Esskastanien der Allee. Der waagerechte Ast, an dem die vielbenutzte Schaukel für die Kinder hing, treibt keine neuen Blätter mehr und die Spitzen vieler Äste stehen kahl und dunkel gegen den hellen blauen Himmel. Die ganze Krone ist durchscheinend. Früher war das Blätterdach so dicht, dass es Schutz vor jedem Regen bot. Unter ihm hatte ich mit meinem kleinen Erstgeborenen bei einem Unwetter Zuflucht gesucht. Und während sich der Regen verzog, verliebte ich mich heftig und dauerhaft in die damals leerstehende Hofanlage. Die Einzelgebäude gruppieren sich um einen atriumähnlichen Innenhof und vermitteln so ein mediterranes Lebensgefühl. Der Hofbaum darf nicht sterben. Er ist ein alter Freund. Viel können wir allerdings nicht helfen, nur ihn von toten Ästen befreien, ihm gut zureden und ihn ab und an umarmen.

29. **Im Kräutergarten stehen besondere Thymiansorten** in Töpfen auf der Bank und laden ein, mit der Hand über sie zu streichen, um ihren Duft hervorzulocken. Jede Sorte riecht etwas anders, so *citrodorus*, wie der Name sagt, herb zitronig, der gelb-bunte Zitronenthymian *Thymus citrodorus aureus* eher süßlich zitronig, Orangenthymian *Thymus fragrantissimus* köstlich fruchtig. Nach der Blüte schneide ich den Thymian in den Töpfen, damit er ein schönes kompaktes Polster bildet.

30. **Jeden Morgen laufe ich jetzt als erstes in den Toskanagarten,** der Ende Mai einen Höhepunkt an Blütenpracht erlebt. Die blauen Iris leuchten wie Edelsteine und der orientalische Mohn schmückt sich mit punkvollen Seidenrüschen. Die violetten Kugeln des Zierlauches scheinen auf ihren Stengeln über dem spitzigen Laub der Taglilien zu schweben.

31. **Die Tomaten im Treibhaus sind jetzt so hoch,** dass sie Unterstützung brauchen. Ich binde ein Kokosseil um den Fuß der Pflanzen, lege es vorsichtig um sie und befestige es an den oben im Treibhaus gespannten Haltedrähten. Wenn die Tomaten weiter wachsen, winde ich sie um das gespannte Seil. So kann ich auch gut die Seitentriebe, die sich neu bilden, ausgeizen. Die Haupttriebe werden so stabiler und tragen erheblich mehr Früchte. Neben den Fuß jeder Pflanze habe ich einen Blumentopf als Trichter eingegraben und mich dabei an den mir damals uralt erscheinenden Gärtner erinnert, dem ich gern bei der Arbeit zuschaute. Er erklärte mir, dass er auf diese Weise die Tomatenpflanzen gezielter „füttern“ könne.

Auch die auf Kürbis veredelten Schlangengurken kann ich schon ein Stückchen weiter an ihrem Halteseil entlang lenken. Drei Pflanzen reichen aus, um eine Großfamilie mit Gurken zu versorgen. An dünnen Ranken hängt später in fast jeder Blattachsel eine schwere Frucht. Bei dieser, von den Kindern so genannten „Wundergurke“, entferne ich regelmäßig die Seitentriebe in Bodennähe. Gurken und Tomaten

gieße ich nur an den Füßen reichlich. Das Laub sollte man nicht benetzen, um Pilzerkrankungen zu vermeiden. Bei den Arbeiten im Treibhaus entdecke ich eine schwarze Erdkröte. Sie fühlt sich in der feuchten Wärme offensichtlich wohl.

Folgende Seiten:
Überschäumender Wiesenkerbel im Rambler-Rosengang; Wildblumenwiese mit weißem Wiesenkerbel, Weißdorn, Weißem Flieder und Blumenesche; Rose 'Venusta Pendula'.

1. Rosenrausch, wohin man blickt. Rosen blühen jetzt an allen Wänden und Klettergestellen, ranken sogar in Bäume und Hecken, blühen auf Hochstämmen im Kräuter- und Toskanagarten, als Sträucher in den Rosenbeeten, am Teich und in Gruppen in der Wildblumenwiese. Mehrere Strauchrosen einer Art habe ich dort so dicht gepflanzt, dass sie im Laufe von drei Jahren miteinander verwachsen sind und nun wie ein einziger großer Busch aussehen.

Juni

Die Blüten sind dieses Jahr besonders groß. Vielleicht liegt es daran, dass sie Mitte Februar mit reinem Magnesium gedüngt worden sind und Mitte März mit Spezialdünger für Rosen. Seit Jahren versorgt mich ein Nachbar mit Pferdemist. Der abgelagerte Mist, den ich dann im November den Rosen um die Füße lege, enthält vor allem Stickstoff. Darum müssen sie auch hin und wieder mit Mineralien, vor allem Magnesium und Kalium, versorgt werden. Eisen erhalten meine Rosen ständig durch die Armiereisen, die ich beim Pflanzen neben jeder Rose in den Boden stecke.

2. Die Frage nach meiner Lieblingsrose kann ich nur schwer beantworten. Aber eine der liebsten ist gewiss die Kletterrose 'Mme Alfred Carriere', die ihre großen, locker geformten Blüten jetzt an der westlichen Scheunenwand im Innenhof zeigt. Ihr durchschimmerndes Weiß vertieft sich in der Mitte zu unglaublich zarten grauen und rosa Nuancen. Aber das Beste an ihr ist der intensive Duft. Obwohl Noisetterosen als sehr empfindlich gelten, ist sie hier seit Jahren sehr wüchsig und gesund und blüht fast ununterbrochen.

3. Was ist schöner, als aus der Fülle der Rosen einen Strauß zu pflücken? In das große rot-grüne Blatt des Kreuzkrautes bette ich eine Blüte 'Constance Spry' mit klarem leuchtenden Rosa, eine dicht gefüllte lachsfarbene 'Abraham Darby', eine wie ein Seeröschen aussehende 'Mme Pierre Oger' von hellem, durchscheinendem Silbrig-Rosa, eine kleine purpurne 'Russelliana', die samtig dunkelrote 'Cardinal de Richelieu', die Lieblingsrose meines Mannes und eine in sattem Karminrot mit weiß durchbrochener und gestreifter Blüte, die aparte 'Ferdinand Pichard'. Alte Rosen halten sich leider nicht lange in der Vase. Am besten entfernt man die Blätter und Stacheln am Stielende, das man weich klopft, damit es mehr Wasser aufnehmen kann. Ich streue etwas Zucker ins Wasser; so halten sie sich länger.

5. Während Gesichts- und Gehörsinn heute oft von Reizen überflutet werden, verkümmern Geruchs- und Tastsinn. Ich nutze jede Riechgelegenheit, ob an den Haaren meiner Kinder, an frisch gebackenem Brot oder an den Pflanzen in meinem Garten. Der Geruch der Kräuter im Kräutergarten erschließt sich, indem man die Blätter reibt oder nur an ihnen vorbeistreift. Bei Rosen ist der Duft für mich genauso wichtig wie ihr Aussehen. Alle riechen unterschiedlich. Eine fast erblindete alte Gärtnerin, die mich heute besucht, kann die meisten Rosen am Duft unterscheiden. Es gibt sogar Rosen, die Duftpreise gewonnen haben, wie die 'Chartreuse de Parme' in Baden Baden, Paris,

Rosenrausch, wohin man blickt.

Mailand und Genf. Schon eine Blüte dieser Sorte erfüllt einen Raum mit zartschwebendem Duft und schenkt kleine Glücksmomente, wenn man hin und wieder die Nase in sie steckt.

6. Die Rankrose *Venusta pendula,* deren Blütenpracht schon wolkig über das Scheunendach quillt, nenne ich Emanzenrose, weil ich sie gegen die Bedenken meines Mannes an ihren Platz gepflanzt habe. Im Herbst vor fünf Jahren nahm ich eine Platte der Pflasterung am hinteren Scheunentor hoch, um dort den Rosenstock zu setzen. Herward meinte, dass sie nicht wachsen würde, so eng, wie die Steinplatten sie umgaben. Dickköpfig, wie ich nun einmal bin, versuchte ich es trotzdem. Zu verlockend war die Vision des hohen rosenumrankten Tors. Auch die Sorte schien mir mit ihren weich hängenden langen Zweigen zum Wasser des Teiches zu passen. Und die

8. Im Sandsteintrog auf der Terrasse, einer beliebten Trinkstelle bei Vögeln, Hühnern und Katzen, lasse ich eine Blüte von 'Tour de Malakoff' schwimmen. Ihre ungewöhnliche Verwandlung kann man auf diese Weise mit ganz neuen Augen betrachten – zeigt sie doch ein ganz besonderes Farbspiel: Die locker gefüllte magentafarbene Blüte ist purpurn überhaucht und verblasst allmählich zu einem gräulichen Mauve.

9. Die zart geäderten, weich hängenden Blüten der heimischen Sumpfiris haben sich aus der kunst-

Bei Rosen ist der Duft für mich genauso wichtig wie ihr Aussehen.

Rose wuchs und wuchs und erreichte in nur drei Jahren die Spitze der neun Meter hohen Scheune und hat nun das Dach erobert. Man kann die Ursachen nur vermuten. Hatte der Bauer, wie er erzählte, wirklich an dieser Stelle ein totes Kalb vergraben, war hier einmal eine Jauchegrube – oder ist die Rose weiblich?

7. Wieder verweile ich bei der *Venusta pendula* am Scheunentor. Jetzt ist ihre schönste Phase, wenn rote Blütenknospen sich noch zwischen den weißen geöffneten Blüten drängen und nichts Welkes den Anblick stört. Die Rose 'Tour de Malakoff', eigentlich eine Strauchrose, fühlt sich in ihrer Gesellschaft so wohl, das sie anfängt, sich kletternd mit ihr zu verweben. Doch leider entdecke ich an einigen Knospenstielen Mehltau. Durch die feucht-warme Witterung treten Pilzerkrankungen in diesem Jahr auch an Rosen auf, die sonst frei davon sind.
Ich mag diese großen Flächen, die von den Rosen bedeckt sind, nicht spritzen, vor allem, weil sich viele Vogelnester in dem dichten Gewirr der Zweige verbergen. Einige Knospen werden wohl abfallen. Ich verwende höchstens ungiftige Stärkungsmittel wie Schachtelhalmsud, Biplantol oder Oscorna Bios, die die Widerstandskraft gegen Pilzerkrankungen stärken.
Von Rosen, die jedes Jahr wieder befallen werden, wie die 'White Dorothy Perkins', habe ich mich schweren Herzens getrennt.

vollen Aufwicklung in den spitzen Knospen entfaltet und auch das Sumpfblutauge, das ich als Kind Schokoladenblume taufte, schmückt nun den Teichrand. Auch mit den weißen Seidenquasten des Wollgrases verbinde ich Kindheitserinnerungen und habe es deshalb an meinen Teich gepflanzt, wo es mit seinen langen Ausläufern schnell große Flächen besiedelt

hat. Seine schimmernden Samenstände bedeckten früher weithin das Schackendorfer Moor, in dem mein Vater und ich oft auf schwankenden Pfaden gewandert sind. Wenn es nicht viel regnet, bleiben die weißwolligen Fruchtstände bis Ende Juni stehen. Bei Regen verkleben sie allerdings und werden schnell struppig.

11. **Ich liebe große Blätter.** Als Kind bin ich mit einem Rhabarberblatt beschirmt auf und ab spaziert wie der Mohr im „Struwwelpeter". Neben den runzeligen Riesenblättern der *Gunnera* in der hinteren Teichecke schmücken Scheinkalla, Kreuzkraut und Riesenhuflattich den Teichrand. Im Rondell, das den Blick des Betrachters auf das Ende der Allee lenkt, heben sich die wie Rosskastanienblätter geformten Blattspreiten des Schaublattes majestätisch über die zarten Blätter des schattenverträglichen *Geranium macrorrhizum* 'Spessart'. Am Schweinehaus fühlt sich der schönblättrige und bis zu zwei Meter hohe Federmohn so wohl, dass man seinem unbändigen Ausbreitungsdrang Einhalt gebieten muss.

Eben diese Vorliebe für große Blätter hat mir den Ärger mit der Herkulespflanze eingebracht. Vor zehn Jahren begann die Invasion der Herkulesstaude in meinem Garten, als ich nichts ahnend eine Pflanze im Container erstand. Wie erfreut war ich, als sie mit ihren großen Blütenschirmen bis zur Dachtraufe reichte. Noch ahnte ich nicht, dass die braunen Verfärbungen an Armen und Beinen und die offenen Wunden an den Händen von den phototoxischen Substanzen der Herkulesstaude herrührten. Innerhalb weniger Wachstumsperioden hatte der Einwanderer meine Wiese erobert und es half nur, ihn ständig auszugraben und zu verbrennen. Zu allem Überfluss können die Samen viele Jahre im Boden ruhen, bis sie dann wie aus dem Nichts wieder sprießen. Nun scheine ich jedoch endlich der Seuche Herr geworden zu sein.

Meine Vorliebe für große Blätter hat mir den Ärger mit der Herkulespflanze eingebracht.

12. **Dies ist eine Juninacht, in der ich so lange draußen bleiben möchte**, bis ich die Augen nicht mehr aufhalten kann, um zu schauen, was Herrliches und Geheimnisvolles um mich herum im Garten geschieht. Ich sitze am Teich, die Frösche quaken leise vor sich hin, jetzt, da das lautstarke Tageskonzert vorbei ist. Der sanfte Wind riecht nach Jasmin und Labkraut. Ein Fledermauspaar zieht seine Kreise über der die Mondstrahlen widerspiegelnden Wasserfläche und im dunklen feuchten Gehölz unter den Kastanien schweben die Glühwürmchen auf schimmernden magischen Bahnen.

14. **Ein kleiner Rosengarten** füllt den Raum zwischen der Hauswand des ehemaligen „Schweinehauses" und den beiden Treibhäusern. Das zentrale runde Beet ist von einer Buchsbaumhecke und einem Pfad aus Holländer Klinkern eingefasst. Es wird durch drei zwei Meter hohe Formschnitt-Eibenkugeln gegliedert und ist mit nur einer Rosensorte, der *Moschata*-Hybride namens 'Ballerina' bepflanzt. Ihre riesigen Dolden aus zierlichen Blüten füllen jetzt das Beet zwischen den dunkelgrünen strengen Eibenkugeln wie mit rosa Schaum. Gekrönt wird alles durch einen 'Ballerina'-Hochstamm in der Mitte. Wie kaum eine andere Rose bildet sie als Stamm eine üppige, dicht verzweigte Krone. Die porzellanrosa Blütenstände zeigen sich den ganzen Sommer, wenn man das Abgeblühte sorgfältig entfernt.

Nur die letzten Blüten im Herbst lasse ich stehen, sodass sich die perlenförmigen roten Hagebutten bilden können, die bis in den Winter hinein Hochstamm und Sträucher schmücken und besonders schön in Sträußen und Kränzen aussehen.

16. **Ich nasche mich quer durch den Garten** – hier die tiefhängenden Knappkirschen, die die Vögel übriggelassen haben, zum Teil mit Schnabelhieben versehen, manche sogar mit Wurm, dort die ersten Monatserdbeeren, einzeln selbstgepflückt, köstlicher als aus jedem Supermarkt, und sogar eine frühreife Himbeere. Den Kirschbaum mit den leckersten frühen Kirschen mussten wir fällen, weil er morsch geworden war und aufs Haus zu stürzen drohte. Seine Zweige ragten so nah an das Gebäude heran, dass die Kinder direkt aus ihren Fenstern im ersten Stock in den Baum klettern konnten, um die Kirschen zu pflücken.

17. **Die Patinabildung der Terrakottakugeln** an der Toreinfahrt soll gefördert werden. Ich streiche sie mit Joghurt ein, der sich in die Poren setzt und das Wachstum von Flechten und Moosen beschleunigt. Griselda versteht das falsch und raspelt mit ihrer Zunge die Kugeln wieder blitzblank.

18. **Hannahs Freundin heiratet heute** und wir haben die Ehre, den Brautstrauß binden zu dürfen. Mit einer Schärpe in dem Rot des Brautkleides gehen Hannah und ich in den noch taufeuchten Rosengarten. Die Kletterrose 'Tradition' zeigt genau das gleiche klar leuchtende Blutrot. Um diesen Farbton etwas weicher erscheinen zu lassen, pflücken wir noch die samtig dunkelrote 'Souvenir de Louis Armade', die purpurrote 'Bleu Magenta' und die fuchsienrote 'Rose de Resht'. Hannah entfernt die Blätter und Dornen und ich binde Blütenkopf an Blütenkopf zu einem kugeligen Strauß. Die Braut fand ihn so schön, dass sie ihn – ganz gegen die Tradition – nicht unter die Gäste warf!

19. **Jedes Paradies hat seine Schlangen.** Eine Zecke hat sich an mir festgesaugt. Um mich in Zukunft zu schützen, werde ich im Frühsommer meine Beine mit einem Abwehrmittel einreiben. Auch die Nester der Eichenprozessionsspinner, die sich in diesem Jahr am Niederrhein unmäßig verbreitet haben, hängen bedrohlich in den Ästen der Eichen. Ihre Haare, die mit kleinen Widerhaken und einem toxischen Eiweiß versehen sind, können sie bei Bedrohung abstoßen. Diese Haare bleiben bei der Verpuppung in den Nestern zurück und werden vom Wind durch die Luft getragen. Herward hat nach dem Wegemähen rote juckende Pusteln auf der Haut, also flämmt er die Raupennester mit einer langen Fackel ab. Hoffentlich müssen wir die Eichen nicht fällen, wenn die Plage im nächsten Jahr wieder auftritt.

21. **Ich bin stolz auf das Knabenkraut,** dass sich am Teichrand angesiedelt hat. Es ist wie ein Geschenk der Natur und ich werte es als Beweis dafür, dass sich auch in künstlich angelegten Folienteichen im Laufe der Zeit eine natürliche Lebensgemeinschaft von Pflanzen und Tieren entwickeln kann. Nach meiner Bestimmung habe ich zwei Sorten Knabenkräuter: das gefleckte Knabenkraut *Dactylorhiza maculata* mit gefleckten Blättern und hellvioletter Blüte mit dunkler gezeichneter Lippe und eines mit ungefleckten Blättern. Ich hoffe, dass es das seltene Torfmoosknabenkraut *Dactylorhiza sphagnicola* ist, bin mir aber nicht sicher.

Knabenkraut.

22. **Obwohl ich eine Verehrerin alter Rosen bin,** begeistern mich auch immer wieder die neuesten Züchtungen. So kann ich beim Rosenkauf nicht

widerstehen, die schalenblütige 'Rhapsodie in Blue' zu erwerben. Ich will sie zu Füßen von 'Veilchenblau' setzen, die am Tennentor steht. Beide zeigen im Verblassen genau den gleichen lavendelblauen Farbton. Auch 'Romantic Ruffles' entzückt mich. Die dichtgefüllte, wie gerüscht wirkende Blüte erscheint auf der Rückseite der Blütenblätter weißlich-rosa, die Innenseite jedoch leuchtet kräftig rosarot. Jedes Blütenblatt trägt eine kleine Zacke in der Mitte. Ich werde noch einen Platz für diese Schönheit finden. Die modernen Rosen haben in der Regel den Vorteil, ständig zu blühen, brauchen aber, um diese Leistung zu vollbringen, viel Zuwendung. Man muss den Strauch regelmäßig düngen und alles Abgeblühte entfernen.

23. **Heute nieselt es.** Kein Sonnenstrahl dringt durch die gleichförmig graue Wolkenschicht. Welch ein Sommertag! Aber ein günstiger, um Buchsbaum zu schneiden, denn die dabei zwangsläufig verletzten Blättchen vertragen keine Sonne, sonst werden sie braun. Falls es nicht regnet, sprühe ich den frisch geschnittenen Buchs mit einen Gartenschlauch ab. Früher habe ich eine Handschere benutzt, was natürlich ein genaueres Arbeiten ermöglicht. Um jedoch bei den vielen Formschnittbuchsbäumen und Hecken in meinem Garten eine Sehnenscheidenentzündung zu vermeiden, benutze ich jetzt eine akkubetriebene Heckenschere.
Aus dem Schnittgut sammle ich die Triebe mit vorjährigem Holz. Nachdem ich die unteren Blättchen abgestreift habe, stecke ich die Ableger dicht bei dicht in die aufgelockerte Erde an Ort und Stelle oder in große Töpfe mit sandiger Erde. Nun müssen sie nur feucht gehalten werden und bilden im Spätsommer die ersten kräftigen weißen Wurzeln. So entstehen überall neue Buchsbaumhecken – oder ich ziehe wie im Kräutergarten Buchsbaumhochstämmen „Buchsbaumhosen“ an.

25. **Aus der Wildblumenwiese** erheben sich die seidigen, kugeligen Samenstände des Habichtskrautes. Wenn sich auch nur der kleinste Windhauch regt, lösen sich einzelne Schirmchen und schweben leicht durch die warme Luft. Einige dieser Samen brachte ich vor Jahren von einem Spaziergang mit und vergrub sie dort, wo eifrige Maulwürfe lockere frische Erde bereitet hatten.

27. **Siebenschläfer!** Nach einer Legende versteckten sich während der Christenverfolgung im Jahre 252 n.Chr. sieben junge Männer in einer Höhle in Ephesus und schliefen dort ein. Sie wachten erst nach 200 Jahren wieder auf und waren fortan mit einem Heiligenschein umgeben. So wie das Wetter an diesem Tag ist, bleibt es sieben Wochen lang, sagt die Bauernregel. Seit Jahren beobachte ich, dass diese Vorhersage eintrifft und verteidige sie hartnäckig gegen jeden Spott. Heute wechselt Sonnenschein mit Regen. Wetten, dass es den ganzen Sommer lang wechselhaftes Wetter gibt?

28. **An die Hechtrose, die am kleinen Froschteich steht,** muss man schon näher herantreten, um die zauberhafte kleine Blüte zu würdigen. Auffälliger als die Blüte wirken das pflaumenblaue Laub und die roten Stengel dieser Wildrose. Sie passt, wie ihr Name andeutet, sehr gut ans Wasser.

29. **Der Goldhopfen an der Toskanabank** hat in Windeseile das ganze Klettergestell erklommen. Dazwischen habe ich nach den Eisheiligen die vorgezogene Prunkwinde *Ipomea* 'Kaiser Wilhelm' gepflanzt. Nun beeile ich mich, wie fast jeden Morgen, die neu entfalteten Blüten in Himmelblau zu begrüßen, denn schon am Mittag schließen sie sich und die Show ist für diesen Tag vorüber. Deshalb heißt die *Ipomea* in England auch „Morning Glory“.

30. **Manchmal muss man bei aller Liebe auch streng sein.** Die Rose *R. filipes* 'Kiftsgate', die den Birnbaum berankt, stand nun schon im vierten Jahr und hatte noch nie geblüht. Im Frühjahr drohte ich ihr: „Wenn du dieses Jahr nicht blühst, hacke ich dich ab.“ Zugegeben, sie hat es schwer an ihrem Standort. Vielleicht habe ich sie zu nah an den Stamm gepflanzt, wo es schattig und trocken ist. Doch die Drohung hat gewirkt – jetzt leuchten weiße Blüten in der Baumkrone. Der alte Baum scheint zum zweiten Mal zu blühen.

Rechts: Im Toskanagarten – Riesenlauch, Mohn, Rittersporn, Iris, Rosa 'Sombreuil' an der Scheunenwand und Rosa 'Venusta Pendula' auf dem Dach.

Folgende Seiten: Rosa 'Tradition' und Rosa 'Aloha' mit Clematis 'Rouge Cardenal'; der mit Buchskugeln eingerahmte Eingangsweg; Rosa 'Nevada'.

Juli

1. Es ist Rambler-Rosenzeit. Diese schnellwüchsigen Kletterrosen haben mit ihren rankenden, biegsamen Trieben innerhalb von drei Jahren unseren Rosenbogengang fast vollständig überwachsen. Ich habe immer zwei gleiche Rosenarten einander gegenübergepflanzt. Alle ergänzen sich in rosa-rot-violetten Farbtönen. Die rostigen Armiereisen des Rankgerüstes sind kaum noch auszumachen. Sie wirken wie alte Rosentriebe. Die höhere Vierung der sich überkreuzenden Bogengänge ist von der besonders kräftig wachsenden 'American Pillar' völlig überwuchert. Ihre rosa Blüten mit weißer Mitte sieht man schon von weitem leuchten. So schön er ist, macht der Rosenbogengang uns doch Sorgen. Letztes Frühjahr hat ihn ein Sturm schief gedrückt. Mein Mann wird ihn wohl vollständig neu aufstellen müssen. Das bedeutet auch für mich viel Arbeit! Alle Rosen müssen abgenommen und dann wieder hochgelenkt werden. Das wird eine Gelegenheit für einen gründlichen Schnitt. Rambler-Rosen klettern auch gern in Bäume. Bei mir hat 'Bobby James' den Apfelbaum hinterm Teich durchwachsen und die 'Kiftsgate' das Baumhaus und den ganzen neun Meter hohen Birnbaum erobert, in dem ich gestern die ersten Blüten entdeckt habe. Der Rambler 'Paul's Himalyan Musk' überzieht die alte Weißdornhecke und malerische Blütenranken hängen aus dem dichten Geäst.

2. Die Esskastanienbäume stehen in voller Blüte und verströmen einen eigenartigen süßlich-herben, erdigen Geruch. Hier ertönt das ständig auf- und abschwellende Summen Tausender Bienen und Hummeln. Hellgrün und flauschig heben sich die Blütenstände von dem dunkleren Laub und der Rinde der Stämme ab, in deren Längsriffelungen sich Algen und Flechten in gebrochenen grünen, braunen und fast violetten Farbtönen angesiedelt haben.
Ich liebe es, den Rücken an diese rissigen Stämme gelehnt, in meinen Garten zu schauen, zu lauschen und zu schnuppern. Dies sind Augenblicke der Muße, in denen ich eine tiefe Ruhe und Zufriedenheit empfinde.

3. Ich säe den isländischen Mohn an einen freien Platz im Toskanagarten und markiere ihn mit einem beschrifteten Schildchen. Die Sämlinge werden nächstes Jahr vom Juni bis in den Oktober hinein blühen. Ich liebe seine zarten Blüten, die die köstlichsten Farbtöne zwischen rosa und orange zeigen.

Hier ertönt das ständig auf- und abschwellende Summen Tausender Bienen und Hummeln.

4. Seit heute bin ich wieder stolze Besitzerin eines eigenen Misthaufens! Unser Nachbar hat zwei Wagenladungen Pferdemist unter dem Birnbaum am Parkplatz aufgeschüttet. Eine Flasche Korn ist ihm Dank genug. Im Winter ist der Misthaufen reif für meine Rosen und im nächsten Frühjahr der ideale

Ort für die vorgezogenen Kürbispflanzen. Sie werden den Parkplatz mit ihren Ranken und stattlichen Früchten erobern – wie jedes Jahr. Geparkt wird dann woanders.

5. **Heute, an meinem Geburtstag,** überrascht mich ein gedeckter Frühstückstisch mit einem liebevoll arrangierten Blütenkranz um meinen Platz und einer meiner Lieblingsrosen vom Scheunentor: 'Mme Alfred Carriere'. Mehr als eine Blüte zu pflücken haben meine Kinder sich nicht getraut. Dirk schenkt mir ein neues Fabeltier, das genau in eine Höhlung hoch im Kastanienbaum passt und nun heimlich die Besucher beobachtet, die die Allee entlanggehen.

7. **Es liegt Gewitter in der Luft;** im Westen ballen sich dunkle Wolkenberge zusammen, ein Wind kommt auf. Ich beeile mich mit der Arbeit, die welken Rosen abzuschneiden. Durch die Gewitterluft angeregt, geben die Frösche im Teich eines ihrer Abschiedskonzerte; die vielstimmigen Gesänge während der Balz- und Laichzeit sind nun vorbei. Ihr lautstarkes Quaken erfreut mich immer und ich habe es nie als Belästigung empfunden, obwohl z.B. Autogeräusche der gleichen Phonstärke mich sicherlich stören würden. Vielleicht sind diese Geräusche den Menschen seit Neandertaler-Zeiten vertraut.

8. **Der Mais steht üppig und straff** so hoch auf dem Feld vor dem Haus, dass es von der Straße aus nicht mehr zu sehen und von Fremden kaum mehr zu finden ist. Am schönsten finde ich es, wenn der Acker mit Gerste bestellt wurde und ich an einem Sonnentag auf ein im Wind wellig wogendes, schimmerndes Meer von Getreidehalmen schauen kann.

9. **Der kleine Teich ist dicht bedeckt mit Schwimmfarnen.** Ich denke an den Tag, als unsere jungen Katzen den Wasserteppich für festen Grund hielten, sich vom Birnbaum fallen ließen und, ganz mit Grün behangen, als jämmerliche Gestalten ans Teichufer zurückpaddelten. Die zierlichen Schwimmfarnblätter enthalten luftgefüllte Hohlräume und man kann sie ins Wasser drücken und beobachten, wie sie sofort wieder auftauchen, während das Wasser von ihrer vollkommen trockenen Oberfläche abperlt.

10. **Am Brunnen vor dem Haus** verwebt sich die Ramblerrose 'Crimson Showers' in unbekümmerter Farbenpracht mit dem gelben Geißblatt. Das Geißblatt wächst schon am Brunnen, seit ich denken kann. Den Rosenstamm hat mir eine Freundin geschenkt. Schon im zweiten Jahr fing das Röschen an, neugierige Triebe zu dem Geißblatt empor zu

schicken und schnell wuchsen beide, sich umarmend, um die Wette. Manchmal sind die ungeplanten Kombinationen die schönsten.

11. **Vor dem Kochen gehe ich durch den Kräutergarten** und pflücke die passenden Kräuter für mein Essen. Für Tee ernte ich sie nach sonnigen Tagen, wenn ihr Gehalt an ätherischen Ölen am höchsten

ist. Dann hänge ich sie zum Trocknen in der Küche auf oder breite sie auf einem Laken im Schatten aus. Viele verschiedene Kräuter werden zu einer Hausmischung zusammengestellt. Brombeer- und Weißdornblätter, Ringelblumen, Kamille-, Linden- und Schafgarbenblüten. Jedes Jahr schmeckt der Tee etwas anders. Am begehrtesten in der Familie ist der aus Zitronenmelisse, kleingeschnittenem Zitronengras und Zitronenverbene. Zitronengras und Verbene halte ich im Topf. Sie müssen frostfrei überwintern.

12. Kronenwicken, Skabiosen, Flockenblumen, Moschusmalven, Kornraden und Weidenröschen stehen auf der Wildblumenwiese in voller Pracht und es sieht aus, als ob sie sich verabredet hätten, zum Sommerfest dieselbe Farbe zu tragen.

13. Kurz vor dem Einschlafen wandle ich in Gedanken durch meinen Garten und sehe Bilder einer jeden Gartenecke vor mir. Mich stört, dass der Teichrand völlig zugewachsen ist: Hohes Sumpfmädesüß blüht und duftet dort, Blutweiderich und Sumpfweidenröschen stehen kurz vor dem Aufblühen, der Rohrkoben streckt schon seine markanten Blütenstände in die Höhe. Dost und Schilf verwehren die letzten Ausblicke auf die spiegelnde Teichoberfläche. Morgen werde ich an einigen Stellen den hohen Bewuchs abschneiden.

14. Geschafft! Dort, wo Bänke am Weg um den Teich stehen, kann man wieder die Wasserfläche sehen und sich an den Spiegelungen erfreuen. Zufrieden und müde sitze ich auf der Bank. Es regt sich kein Lüftchen, die Luft ist feuchtigkeitsgetränkt und leicht diesig. Seltsamerweise erscheinen dadurch die Spiegelbilder der Bäume und der farbigen Tupfer der Rosen im Wasser näher und greifbarer als ihre wirklichen Gegenüber.

15. Unter den dichten Zweigen des Spierenstrauches, der mich im Frühling mit weißer Blütenpracht erfreut hat, entdecke ich heute morgen eine brütende Henne nur deshalb, weil sie sich bewegt, so getarnt sitzt sie tief geduckt mit leicht ausgebreiteten Flügeln auf ihrem Gelege. Mittags erscheint sie im Gefolge des Haupthahnes auf der Terrasse und bekommt eine Extraportion Getreidekörner. Das hat sich in Windeseile beim Hühnervolk herumgesprochen. Von wegen dummes Huhn!

16. Ich habe das Veredeln von Rosen ausprobiert. Jetzt trägt mein Daumen ein Pflaster wie die Rosenstämmchen, an denen ich mich versucht habe. Mein Rosengärtner hat mir den Vorgang erklärt, weil er meinen Wunsch nach höheren als den üblichen 90 oder 120 Zentimeter hohen Rosenbäumchen nicht erfüllen kann. Er hat mir sogar einige Rosenpflaster geschenkt. Schon im Frühjahr pflanzte ich kräftige

Es regt sich kein einziges Lüftchen.

Wildtriebe aus, die ständig neben meinen Stammrosen 'Alberic Barbier' aus dem Boden schießen. Die Wildrosen sind in den Töpfen gut gediehen und haben sogar geblüht. Sie bekommen nun eine kräftige Stütze aus Bambus. Mit dem Okuliermesser schneide ich aus einem Trieb der Rose 'Ballerina' ein Auge mit etwas Rinde flach ab. Das Rindenstück wird vorsichtig abgelöst. Auf einem Küchenhocker stehend ritze ich einen T-förmigen Schnitt in die Rinde des Wildtriebes, hebe sie leicht an und schiebe

Es scheint Nacht zu werden am helllichten Tag. Wie ein Feuerwerk flackern die Blitze über den gelblich-schwarzen Himmel.

das Auge in der richtigen Wuchsrichtung hinein. Ein Okulierpflaster, das fest um die Stelle angebracht wird, schützt und stellt sicher, dass der Saft aus der Wildpflanze in das Auge strömen kann.

Wenn die Augen angewachsen sind, werden die Pflaster entfernt. Im kommenden Frühjahr schneidet man die Wildrose zwei Zentimeter über der obersten Veredlungsstelle ab und kürzt die neuen Rosentriebe ein, damit sie sich besser verzweigen. Schon schwebt mir ein üppig blühender Rosenbaum vor Augen, der sich in der Mitte des mit 'Ballarina'-Sträuchern bepflanzten Rondells sogar noch über die Eibenkugeln erheben wird – wieder ein Grund, auf das nächste Frühjahr gespannt zu sein.

17. **Der erste Samen des armenischen Storchenschnabels,** *Geranium psilostemon*, ist reif. Mit seiner Höhe von über einem Meter und leuchtend magentaroten Blüten ist er im Juni und Juli eine der auffälligsten Erscheinungen in meinem Staudenbeet und ich werde oft um Samen gebeten. Man muss schon den genauen Zeitpunkt erwischen, denn durch einen besonderen Verbreitungsmechanismus werden die reifen Samen aus dem Fruchtfach herausgeschleudert, wenn sich von einer Mittelsäule aus fünf Späne ruckartig zusammenrollen. Sie bleiben als kleine Spiralen an der Spitze des „Schnabels" hängen, von dem der Name der Pflanze herrührt. Auch die Samen der Akelei sind reif. Ich schneide die trockenen Samenstände ab, klopfe sie in ein Gefäß und säe sie gleich auf der Wiese aus.

18. **Es scheint Nacht zu werden am helllichten Tag.** Wie ein Feuerwerk flackern die Blitze über den gelblich-schwarzen Himmel. Der Regen prasselt herab. Die Regenrinne spuckt so viel Wasser, dass die Tonne längst übergelaufen ist. Die Hühner suchen verschreckt unter dem Dachüberstand an der Küchentür Schutz und gucken durch das Fenster, als ob sie am liebsten hereinwollten. Was wohl die Glucke macht? Auch der Strauch wird ihr jetzt kaum Schutz bieten. Ich denke gerade an die zarten Blüten der Trichterwinden und Wicken und Lilien, die nun wahrscheinlich von dem herabprasselnden Regen zerfetzt werden. Ein greller Blitz, ein Knall – und wir sitzen im Dunkeln. Der Blitz ist in den nahegelegenen Trafo am Strommast eingeschlagen.

Armenischer Storchenschnabel.

19. **Gleich nach dem Aufstehen laufe ich in den Garten.** Was hat das Unwetter wohl angerichtet? Die gestrigen Blüten der Taglilien hängen verklebt herunter, aber schon öffnen sich die neuen. Der Rittersporn liegt am Boden. Die Rose 'Lavender Lassie' hat sämtliche rosa Blütenblätter fallen lassen. Wie geht es der Glucke? Treu sitzt sie mit pitschnassem Gefieder auf dem Gelege und wartet auf die Sonne, um sich plusternd zu trocknen. Der Wind hat die ersten Reineclauden und Kläräpfel vom Baum geschüttelt. Nachts haben sich schon Mäuse gütlich daran getan. Die unbeschadeten Äpfel sammle ich ein, um ein köstliches helles Apfelmus daraus zu kochen. Und heute Mittag gibt es Apfelpfannekuchen. Eine traurige Überraschung erwartet mich auf der hinteren Obstwiese: Die halbe Krone des schwer mit grünen Äpfeln behängten Apfelbaumes der alten Sorte 'Jacob Label' ist heruntergebrochen. So wird man als Gärtner nie übermütig; die Natur gärtnert mit.

20. **Das Unwetter hat auch die Kronen der Myrten auseinandergedrückt.** Wenn ich jetzt noch schneide, verzichte ich der guten Form zuliebe bewusst auf Blüten. Sie müssen jedoch noch einmal geschnitten werden, damit sich wieder festere Ver-

zweigungen bilden. Um die Töpfe herum lege ich Badelaken. So entfällt das lästige Aufkehren der abgeschnittenen Triebe. Ich brauche die Handtücher nur über der Schubkarre auszuschütteln. Als ich auf meinem Höckerchen stehend arbeite, komme ich mir vor wie ein Friseur – passt er nicht auf, ist der Schnitt verdorben.

22. Jetzt muss man sich des überschießenden Wachstums erwehren. An anderer Stelle erwünscht und bewundert, müssen die langen Schlingtriebe der *Clematis vitalba* im Toskanagarten zurückgeschnitten werden. Vom Zaun aus, den sie dicht beranken, klettern sie sonst in die Stauden und die Eibenhecke. Der Garten quillt über von Wachstum. Bei meinen abendlichen Rundgängen verschaffe ich durch Freirupfen den Zaghafteren unter meinen Schützlingen etwas Raum. Ansonsten kann ich nun ganz entspannt zuschauen, wie alles wuchert. Ich liebe die archaische Stimmung in meinem Garten, wenn die Pflanzen endgültig die Regie übernommen haben.

23. Den Oleanderbaum habe ich im Frühling umgetopft. In der mit Kompost zubereiteten Erde müssen alle möglichen Mohnsamen gesteckt haben, denn nun blüht Mohn in brennenden Rottönen und unterschiedlichsten Formen im Topf unter dem Baum. Dem Oleanderbaum war eigentlich eine Karriere als Alleebaum in Cortona beschieden, bevor ich ihn an den Niederrhein verfrachtete, wo er sich nicht so ganz wohl fühlt.
Jetzt blüht Mohn in allen Sorten und Farben: der schwarz-rote 'Black Paeony', der rosa 'Flemish Antique' und zahlreiche unbenannte Kreuzungen, die sich selbst ausgesät haben. Oft ist das, was durch Selbstaussaat zufällig entstanden ist, am allerschönsten.

24. Ich schnuppere an meiner zauberhaften rosa-weiß geäderten Spanischen Wicke, 'Pink And White Ripple'. Ich liebe ihren Duft. Da sie eine etwas anspruchsvolle Schönheit ist, biete ich ihr alles, was sie liebt: guten Boden, volle Sonne und eine Rankhilfe in einem großen Terrakottatopf. Aus dem trockenen Schilf des vorigen Jahres habe ich eine einfache Rankpyramide hergestellt, indem ich die Äste in die Erde gesteckt und oben zusammengebunden habe. In Torftöpfen im Treibhaus vorgezogen, habe ich die Wicke Mitte Mai mit den Töpfchen um das Klettergestell herumgepflanzt. So hat sie keinen Pflanzschock bekommen und ist gleich munter weitergewachsen. Die Torftöpfe zersetzen sich schnell.

25. Die dankbar immer wiederkehrende Indianernessel, die ich in unterschiedlichen Sorten zusammengepflanzt habe, mischt nun im Toskanagarten ihre Blüten. Die leuchtend rote 'Cambridge Scarlet', die sanftrosa 'Crofway Pink', die violette 'Beauty of Cobham' und die purpurne 'Prärienacht' passen gut in das Farbkonzept des Gartens.

26. Die Eibenkugeln im Rosenrondell am Treibhaus haben schon wieder lange Äste gebildet. Sie können mehrmals im Jahr geschnitten werden. So halten sie besser ihre Form und der Schnitt ist nicht so aufwendig, weil die Triebe noch dünn und weich sind. Außerdem sollen die drei Kugeln nicht größer werden, damit sie die Buchsbaumhecke, die das Beet umfasst, nicht bedrängen. Also mache ich mich mit der Heckenschere an die Arbeit.

27. Die kleinblütigen *Clematis viticella*-Hybriden schlingen sich zierlich durch Rosen und Sträucher und blühen jetzt überreich. Die *C. viticella* 'Alba luxurians' schätze ich besonders wegen ihrer langen

Von nun an muss man sich des überschießenden Wachstums erwehren.

Blütezeit von Juni bis September. Die Blüte sieht anfangs wie ein hängendes grünes Blättchen aus und erst allmählich schiebt sich die endgültige Blütenfarbe zwischen das Grün, bis schließlich die weißen vierblättrigen Glocken in großer Zahl an den Ranken hängen. Schön ist auch die *C. viticella* 'Purpurea Plena Elegans', die ihre kleinen Blütenblätter Schicht für Schicht von der Knospe löst, bis sie ein purpurnes Blütenbällchen bildet.
Kaum eine Kletterrose in meinem Garten, der ich nicht zwei *Clematis* zugesellt habe. Eine, die zur gleichen Zeit wie die Rose blüht und diese farblich ergänzt, wie zum Beispiel die 'Hagley Hybrid', die den gleichen Farbton zeigt wie die ballonförmigen Blüten der Rose 'Raubritter'. Oder eine *Clematis*, die einen Farbkontrast bildet, wie die violettblaue ‚Etoile Violette' mit der magentafarbenen Rose ‚Aloha'. Die zweite *Clematis* an der Kletterrose blüht später und verlängert so das Vergnügen.

Ich habe ein Storchenpaar gesichtet auf der Wiese vor unserem Haus!

28. **Ein Sommernachmittag in meinem Kräutergarten!** Der schwere Duft der reinweißen Madonnenlilien mischt sich mit den frischen herben Gerüchen von Lavendel, Thymian, Oregano und Salbei. Die silbrigen Samenflocken des weißen Weidenröschens schweben glitzernd durch das Sonnenlicht und genüsslich saugen Schmetterlinge aus den blauen Blüten von Agastache und Borretsch. Eine Handbewegung, und sie heben sich taumelnd in die warme Luft und zeigen ihre leuchtenden Farben und Muster.

29. **Die ungefüllten klaren Blüten der Stockrosen** ziehe ich den gefüllten vor. Ein zusätzlicher Reiz ist die markante Staubblattröhre. Die fünf durchscheinenden Kronblätter überlappen sich und bilden gegen das Licht geometrisch exakte dunklere Ovale. Unter den Stockrosen hat sich wilder Klatschmohn angesiedelt und bietet zusammen mit den Malven eine ungewöhnliche spannungsvolle Farborgie.

30. **Wieder stelle ich mit besonderem Vergnügen** einen üppigen Strauß zusammen. Ich laufe von einem Beet zum anderen und halte die Blütenzweige aneinander, um sie in Form und Farbe aufeinander abzustimmen. Heute entsteht ein sommerlicher gelb-orange-roter Strauß aus Fenchelblüten, wildem Mohn, orangefarbener Lilie, Johanniskraut und der blutroten Rose 'Dark Lady'.

31. **Ich habe ein Storchenpaar gesichtet auf der Wiese vor unserem Haus!** Ich kenne Störche aus meiner Kindheit in Schleswig-Holstein. Gravitätisch stolzieren sie umher und halten aufmerksam nach Mäusen Ausschau. Aber wehe, sie entwickeln Appetit auf meine Frösche!

Folgende Seiten: Blattkäfer (Chrysomela graminis) in trauter Zweisamkeit auf einem Minzblatt; Farbgestaltung mit Blättern – Buntlaubige Pelargonien, Buntnessel, Kapuzinerkresse; Nelkenrose 'Pink Grootendorst'.

1. Auf dem Dach des „Schweinehauses" erstrahlen die orange-roten, an der Außenseite leicht geriffelten Blüten des Trompetenstrauches. Er wächst gut an der geschützten Südwand und schmückt sich mit exotischen Blütenröhren, wenn die Rosen aufgehört haben zu blühen. An dieser Wand, auf die wir auch vom Haus aus ständig blicken, wachsen gemeinsam, sich üppig miteinander verflechtend, viele Rank- und Kletterpflanzen – nacheinander sorgen sie für einen kaum unterbrochenen Blütenflor. Es gibt die im Mai blühende Banksrose und die Rose 'Gloire de Dijon', die Ende Mai die Hauptblüte hat, die *Clematis viticella* 'Alba luxurians', die dann Ende Juni zu blühen beginnt, und die *Clematis* 'Aljonushka', die bis in den August hinein ihre dunkelrosa Glocken trägt und dann vom Trompetenstrauch abgelöst wird. mit Bändchen in ihrer jeweiligen Blütenfarbe gekennzeichnet. So lassen sie sich jetzt getrennt ernten. Auch die Stockrose mit den besonders großen ungefüllten Blüten hat schon reife Samen, einen hübsch ordentlich in fünf trockene Kelchblätter gepackten Kranz flach aneinander liegender Scheibchen. Immer wieder entstehen beim Aussäen des eigenen Saatgutes interessante neue Kreuzungen wie eine eigenartig braunrote Kapuzinerkresse, die ich kennzeichne und deren Samen ich sammle, um diese Besonderheiten dann gezielt zu vermehren. Einmal entstand aus den blauen und weißen Vergissmeinnicht im Toskanagarten ein blau-weiß gestreiftes. Aber aus den sorgfältig gesammelten Samen entwickelten sich in mehreren Generationen leider nur wieder die bekannten weißen und blauen Sorten.

August

2. Die hohen Blütenrispen des weißen Weidenröschens sind noch kaum in unseren Gärten zu finden und ich werde daher oft um Samen gebeten. Jetzt sind in der warmen trockenen Luft die Samenkapseln aufgeplatzt und die weißen Samenfäden quellen hervor. Ich zupfe sie heraus und bin schon bald umschwebt von Flocken, die sich in mein Haar setzen, an den Augenbrauen und meinem schwarzen Leinenkleid anhaften. Ich sehe wie gefedert aus, habe aber eine Tüte voller neuer Weidenröschengenerationen in der Hand. Einige Samenstände schneide ich ab und schlage sie auf der Wildblumenwiese aneinander und stehe in einem weißen Wirbel von Samenschirmchen, die ein Wind über die ganze Wiese trägt. Vielleicht findet das eine oder andere ein freies Fleckchen zum Wachsen. Auch die Kapseln des einjährigen Mohns haben die Fensterchen unter der Narbe geöffnet, sodass man den Samen wie aus einem Salzstreuer in ein Gefäß schütteln kann. Die verschiedenen Schlafmohn-Pflanzen hatte ich

3. Wie es in England und Holland schon lange Sitte ist, öffnet unsere Gruppe der „Offenen Gartenpforte am Niederrhein" ihre Privatgärten für Besucher. Diese Zeit ist nun für dieses Jahr vorbei. Ich freue mich auf eine Woche in der Provence, auf die malerischen Orte, auf Pinienduft und Zikadengesang. Und dennoch fällt es mir schwer, meinen Garten allein zu lassen. Bevor wir losfahren, versorge ihn ein letztes Mal, gieße hier, zupfe dort, winde im Treibhaus einen Tomatentrieb um das Kokostau,

friere noch schnell die reifen Tomaten ein und schreibe detaillierte Anweisungen für Eva, damit sie für den Einsatz in meiner grünen Hölle gewappnet ist. Herward erwartet mich schon ungeduldig im Auto.

10. Gestern auf der Rückreise durch Burgund übernachteten wir in einem „chambre d'hôte" . Es hat einen kleinen Küchengarten, in dem zwischen dem Gemüse wie zufällig einjährige Sommerblumen wuchsen. Die Sehnsucht nach meinem Garten überkam mich, ich bückte mich und wickelte in Gedanken in dem fremden Garten eine Winde von einer lachsfarbenen Zinnie.

Warum hatte dieser Garten so viel melancholischen Charme? Vielleicht, weil dort alles in ständigem Wandel durcheinander wuchs. Dieser Garten lebte – Perfektion ist Stillstand.

Endlich zuhause! Das Gepäck ist kaum im Flur abgestellt, da laufe ich schon in den Garten. Schön, wie der Oleander blüht, fast wie in der Provence. Die Myrten sehen auch ganz gesund aus. Na ja, sie streuen ein paar braune Blättchen und der Bubikopf, der die Erde im Topf verdeckt, ist vertrocknet. Sie hätten bei der Hitze zweimal am Tag gegossen werden müssen. Die Winden dagegen schlingen sich voller Übermut durch die Buchsbäume im Toskanagarten. Bei ihnen hatte sich wohl herumgesprochen, dass die Gärtnerin verreist war.

Eine Tasse Kaffee am Lieblingsplatz.

Man spürt, dass der Garten eingebettet ist in die schöne, weite niederrheinische Landschaft.

11. Wir sitzen kurz vor Mitternacht auf unserem Hochsitz, um das alljährliche Schauspiel, den Meteorschauer der Perseiden, zu verfolgen. Der Mond steht nur als schmale Sichel am wolkenfreien Himmel. Kein künstliches Licht stört das Naturereignis. Da! Schon wieder eine Sternschnuppe, die mit einem glühenden Schweif hinter den dunklen Kronen der Esskastanien versinkt. Wir wetteifern darum, wer die meisten entdeckt. Im Glühen und Verglühen zieht ein lautloses Feuerwerk über den weiten Himmelsbogen.

Der Hochsitz ist ein guter Aussichtspunkt nicht nur dafür. Als die Hecke zu hoch gewachsen war und uns den Blick auf den Dom verwehrte, hat mein Mann ihn gebaut, um wenigstens mit Blicken in die Ferne schweifen zu können. Von hier aus sehen wir die bewaldeten Endmoränenhügeln der Hees und des Reichswaldes. Über den Klever Burgberg mit der Schwanenburg und den Eltener Berg mit Kloster Elten schaut man bis nach Holland hinein zur Hooge Veluwe, dann nach rechts über den Rhein zum Naturschutzgebiet Hohe Mark. Man spürt, dass der Garten eingebettet ist in die schöne, weite niederrheinische Landschaft.

12. Es ist heiß, heiß, heiß! Ich ziehe mit dem Wasserschlauch über das Grundstück, um die schlimmsten Trockenschäden zu verhindern. Da es auch auf der Grundmoräne liegt, versickert das Wasser schnell im sandigen Boden. Die gut besetzten Apfel- und Birnbäume werfen viele noch unreife Früchte ab. Im Rosenbogengang lassen die Rosen ihre Blätter fallen, gerade jetzt, wenn die langen neuen Triebe wachsen, an denen sich im nächsten Juli die Blüten bilden. Also tränken, alle achtzig! Während der Schlauch an einer Rose liegt, nutze ich die Zeit und sammle reifen Fingerhutsamen, den ich in der Allee ausstreue. Als ich mit dem Tränken fertig bin, sehe ich, dass die Mirabellen von der Hitze rote Bäckchen bekommen haben. Die beiden Mirabellenbäume sind so schwer mit Früchten behängt, dass wir die Äste abstützen mussten, damit sie nicht abbrechen. Höchste Zeit, die Früchte zu ernten, doch heute ist es mir zu heiß dafür. Ich gönne ihnen noch ein paar

Sonnentage. Mirabellenmarmelade mit dicken Fruchtstücken ist meine Lieblingsmarmelade.

13. In diesem heißen Tagen führt mein Weg öfter zum Minzebeet im Kräutergarten. Viele Sorten stehen dort: 'Lemon'-, und 'Kentuckyminze', 'Marokkanische Minze' und *Calamintha*, die ich von einer Gartenfreundin bekommen habe, liebevoll aus Stecklingen gezogen. Beim Pflücken der Minze freue ich mich an den metallisch blau und grün schimmernden Blattkäfern, die wie Edelsteine auf den Blättern sitzen. Noch lassen sie mir genug übrig. Einige Minzezweige in eine Karaffe Mineralwasser oder in frisch aufgebrühten Grüntee gehängt, ergeben ein herrlich erfrischendes Getränk. Meine Kinder liebten ein von ihnen „Kaugummi-Limonade" getauftes Erfrischungsgetränk schon wegen seiner grünen Farbe ganz besonders. Dafür werden Minzeblätter im Mörser oder mit dem Pürierstab zerdrückt, mit Mineralwasser aufgefüllt, durch ein Sieb abgegossen und mit etwas Traubenzucker gesüßt.

14. Glücklich, wer an einem Tag wie heute ein kühles Baumhaus hat, wo man in einer Hängematte die Mittagshitze vertrödeln kann, während man in das grüne Geflirre der Baumkrone schaut und hört, wie zwei Ringeltauben einander antworten. Die Krone der mächtigen Esskastanie ist das Dach des Baumhauses und die schweren, bis auf den Boden hängenden Außenäste bilden die Wände, an denen rundherum die *Rosa filipes* 'Kiftsgate' emporklettert. Ein Teppich aus dichtem Efeu bedeckt den Boden. Ein schattiger Gang führt bis an die tragende Säule des Hauses, den gefurchten graubraunen Stamm, neben dem die Hängematte in einem Holzbogen aufgespannt ist. Ich denke an meinen Vater, der das Rufen der Ringeltauben so naturgetreu nachahmen konnte, dass eine echte Ringeltaube antwortete.

15. So stark ist die UV-Einstrahlung, dass die tiefroten Blütenblätter der Rose 'Ingrid Bergmann' sich kräuselnd und violett verfärbend verbrennen. Die Hühner und Griselda suchen Schatten unter den dicken Buchsbaumkugeln. Ich greife nach meinem Sonnenhut.

16. Die Hitze hält an. Kein Regen, noch nicht mal ein Gewitterschauer. Die Landwirte fürchten und ihre Mais- und Rübenernte und Waldbrände vernichten wertvollen Baumbestand. Vor Jahren wäre unser Kotten beinahe abgebrannt, nachdem eine Glasscherbe das Stroh auf dem Feld vor dem Haus entzündet hatte.
Die Gartenarbeit habe ich auf das Wässern beschränkt. Das ist jetzt bei den Myrten morgens und abends nötig. Auch im Treibhaus möchte ich die üppige Tomaten- und Gurkenernte nicht durch Trockenheit gefährden. Die Ballhortensie 'Annabelle' lässt die Blätter hängen und selbst die Rosen im Birnbaum werfen gelbe Blätter ab. Ich gieße stundenlang alle nach Wasser schreienden Pflanzen. Als ich den Schlauch an den Tulpenbaum lege, bewegt ein Windhauch seine Blätter. Es ist, als ob er sich bedanken wolle.
Ich gerate ins Schwitzen und Bremsen fallen über mich her, sodass ich die Flucht ins Haus antrete. Heute Abend, wenn die kleinen Monster schlafen, gieße ich weiter. Dagegen plagen uns, seit wir den Teich haben, kaum noch Mücken! Zu viele hungrige Schnäbel jagen sie in der Luft und zu viele gierige Mäuler ihre Larven im Wasser.

17. Ich werde durch das sanfte Klopfen von Regen auf den Blättern des Mehlbeerbaumes geweckt. Klar, wo ich doch gestern den ganzen Tag gegossen habe! Ein weicher, feucht-erdiger Geruch weht durch das geöffnete Fenster. So köstlich riecht nur Regen nach einer langen Trockenheit. Draußen sehe ich einen Grünspecht, der inmitten des Regens mit großen Sätzen auf dem Rasen umherhüpft und heftig mit seinem kräftigen Schnabel im Boden stochert. Jetzt hat er einen langen Regenwurm erwischt, den er mit einigen Schwierigkeiten verschlingt. Wenn der Regen aufhört, müssen die Mirabellen geerntet werden.
Zum Glück habe ich Hilfe: Knud ist da; er braucht neue Mirabellenmarmelade. Wir breiten Betttücher unter dem Baum aus, Knud klettert hinein und rüttelt kräftig an den Zweigen. Ich gehe vor den herabprasselnden gelben Kugeln in Deckung. Nun brauchen sie nur noch aufgesammelt zu werden. Allerdings müssen wir noch heute die Marmelade kochen, weil die überreifen feuchten Früchte schnell

Die Hitze hält an. Kein Regen, noch nicht mal ein Gewitterschauer.

verderben. Kurz vor Mitternacht stehen wir dann endlich erschöpft, aber stolz vor einer wahren Marmeladengläsergalerie.

18. **Ich freue mich an dem prächtigen Anblick,** den die Ballhortensie 'Annabelle' zusammen mit der reinweißen Lilie 'Casablanca' ergibt. Dicht an dicht drängen sich die duftigen weißen Blütenbälle, die im Verblühen grün werden und noch lange den Strauch schmücken. Die hohe Lilie füllt besonders in den Abendstunden die Luft mit Vanilleduft und lockt Nachtfalter an. Die Tagfalter dagegen stürmen die *Buddleia*, die ihrem Namen „Schmetterlingsflieder" alle Ehre macht. Geboten wird Nektar in zierlichen Blütenröhren, schmetterlingsrüsselgerecht! Süchtig und emsig saugen die Falter mit zusammengeklappten Flügeln an den Blüten und zeigen ihre Pfauenauge-, Admirals- und Zitronenfalterpracht nur, wenn sie sich gesellig in der Luft umflattern.
Doch kann der Schmetterlingsandrang nicht darüber hinwegtäuschen, dass es seit Jahren immer weniger von ihnen gibt. Ich bemühe mich, ihnen günstige Lebensbedingungen zu bieten, indem ich auf Gift verzichte. Brennnesseln und Disteln, die Wirtspflanzen für die meisten Tagfalter wie Kleinen Fuchs, Landkärtchen, Tagpfauenauge, Admiral und Distelfalter dürfen in der Wildblumenwiese wachsen, wo auch viele Nektarpflanzen bis in den Herbst hinein blühen.
Als Knud klein war, konnte ich ihn einmal dabei beobachten, wie er auf einem umgedrehten Blumentopf saß, um mit den vielen Schmetterlingen auf der Fetthenne in seiner eigenen Kindersprache ein langes Gespräch zu führen.

19. **Pünktlich nach drei Wochen sind sieben Küken** geschlüpft. Die Katze hat gelernt, den Schnabel der aufmerksamen Henne zu fürchten, und inzwischen tummeln sich Henne, Katze und Küken in paradiesischer Friedfertigkeit zusammen auf der Terrasse, und wenn die Tür offen steht, auch im Wintergarten.

20. **Ein Platz, wo mich so leicht niemand findet,** liegt verborgen zwischen Schilf und Bambus an dem Geröllwall zwischen dem großen und dem kleinen Teich. In dem der Südsonne ausgesetzten Hang haben sich zwischen den Steinen Eidechsen angesiedelt. Ich sitze ganz ruhig und kann eine dunkel gefleckte Mauereidechse beobachten, die sich in der Sonne wärmt. Gerne rupfe ich diesem selten gewordenen Gast zuliebe das Unkraut, das den Wall überwuchert, geduldig mit der Hand heraus.

21. **Heute Abend habe ich Gäste.** Wir wollen grillen, wenn das Wetter hält. In der Wiese stehen flache Bänke im Kreis um einen Feuerplatz herum und es ist sehr gemütlich. Man kann die Beine schön lang ausstrecken und in die blühende Wiese und die Wolkenbilder schauen. Meine Gäste freuen sich über den Salat, den die blauen Blüten des Borretsch und Gänseblümchen und Kapuzinerkresse schmücken, die mitgegessen werden können. Knud übernachtet wie in Kindertagen im Schlafsack am langsam verglühenden Feuer.

22. **Die hängenden Zweige** der Mauretanischen Winde umspielen mit unzähligen lichtvioletten Blüten geschmückt schon den Fuß der Terrakottasäule, die die Schale trägt. In ihr fühlt sich die Pflanze offensichtlich wohl und hat sogar – geschützt durch etwas Tannenreisig – den letzten milden Winter überstanden, obwohl sie in Nordafrika und Spanien beheimatet ist.

Die weißen Samenflocken des Weidenröschens schweben sacht zu Boden.

23. **Seit einigen Tagen treffe ich jeden Abend** einen Igel, der sich laut schmatzend unter dem Mirabellenbaum über die vollreifen Früchte, die wir bei der Ernte übersehen hatten, hermacht. Der kleine Kerl grunzt zwar laut vor Schreck, wenn ich komme, hält es aber nicht für nötig, sich einzurollen.

24. **Ich sitze am Teich,** umgeben von den leuchtend gelben Strahlenblüten des Riesenalants und den ebenso gelben des Straußfelberichs und des Zungenhahnenfußes. Leise quaken noch einige Frösche vor sich hin. Sie machen sich mittlerweile nicht mehr die Mühe, vom Teichrand oder den Seerosenblättern ins Wasser zu springen, wenn ich komme. Im Frühjahr höre ich jedes Mal, wenn ich mich nähere, nur das Platschen, wenn sie bei der leisesten Erschütterung die Flucht ins sichere Wasser ergreifen. Nun scheinen sie gelernt zu haben, dass ich keine Gefahr für sie bedeute.
Königs- und Plattbauchlibellen jagen mit glitzernden Flügeln über das Wasser, aus dem die Krebsschere ihre spitzigen Blätter streckt. Die weißen Samenflocken des Weidenröschens schweben sacht zu Boden und im stillen Wasser spiegelt sich der Ufersaum.

25. **Es gibt ständig Neues auf dem Pflanzenmarkt.** Man muss nicht alles davon besitzen, aber mindestens eine der Schönheiten erweist sich jedes Mal als unwiderstehlich – diesmal ist es *Hibiscus moscheutos* 'Luna'. Sie ist eine Sumpfpflanze und hat im Wasser des Sandsteintroges einen guten Platz im vollen Sonnenlicht gefunden. Jeden Tag öffnen sich neue tellerförmige weiße, zartrosa schattierte Blüten mit einem roten Kranz um die Staubgefäßröhre. Ich hoffe, sie erfolgreich zu überwintern, damit sie im nächsten Jahr zu ihrer vollen Größe von fast einem Meter heranwachsen kann.

26. **Eine Trichternetzspinne** hat im Toskanagarten ein raffiniertes Netz gebaut, das jedem Brückenbauer zur Ehre gereichen würde. Zwischen Mohnkapseln aufgehängt, widersteht die durchsichtig zarte Konstruktion schon seit einer Woche Wind, Regen und Sonne. Eine getrocknete glitzernde Schleimspur beweist, dass sie sogar eine fette Schnecke tragen kann.

27. **Man meint,** die Remise müsse unter der Last der blühenden *Clematis vitalba* zusammenbrechen. Diese einzige heimische Waldrebe ist nichts für kleine Gärten, wo sie durch ihre Wuchsfreudigkeit schnell lästig werden kann. Obwohl sonst Kletterrosen und *Clematis* eine friedliche Gemeinschaft bilden, muss ich die Ramblerrose 'Veilchenblau', die

ebenfalls an der Remise wächst, immer wieder aus der Umklammerung der Waldrebe befreien. Ihre cremefarbigen, einzeln eher unscheinbaren Blüten wirken durch ihre Fülle und am Abend durch ihren schweren Duft. Sehr dekorativ sind die weißen, flauschigen Samenstände, die den ganzen Winter über halten und in Blumengestecken besonders schön wirken.

28. Mit Gummistiefeln stapfe ich durch die Uferzone des Teiches und schneide die samtig braunen Samenstände der Rohrkolben ab, bevor sie sich aussäen. In einer großen Steingutvase sehen sie wunderschön aus. Wir haben es gewagt, den prächtigen großen Rohrkolben in unserem Teich zu pflanzen, obwohl er schnell zu wuchern beginnt und wie auch Schilf nichts für kleine Teiche ist. Besser geeignet sind der „Mausförmige" oder der „Graue Rohrkolben".

29. Der Mispelbaum zeigt schon im zweiten Jahr tote Äste und sein Laub ist gelblich statt saftiggrün wie das seiner beiden Artgenossen. Bei näherem Hinschauen entdecke ich die Gänge des Splintkäfers. Es sieht aus, als ob Stämme und Äste von feinen Schrotkugeln durchlöchert worden wären. Als ich einen Ast abbreche, finde ich eine gelblich weiße Made, die das Kambium, das zwischen Rinde und Holz liegt, auffrisst. Schweren Herzens hacken wir die Mispel um und verbrennen sie sofort, damit der Schädling nicht auch noch gesunde Bäume befällt. Als kleinen Trost säe ich roten Mohn, der im nächsten Jahr an der kahlen Stelle blühen soll.

30. Mit einem Messer entferne ich unerwünschte Pflanzen aus den Pflasterfugen der Terrasse. Moose und Flechten dürfen bleiben. Da entdecke ich ein winziges weiß blühendes Hornveilchen, das sich wohl aus der jährlich neu bepflanzten Schale ausgesät hat. Der kleine Sämling steht nicht etwa versteckt in einer Ecke, nein, er strahlt mit seiner einzigen Blüte mitten auf der Terrasse – er hat alle Kehraktionen und Fußtritte überstanden. Auch er darf bleiben.

31. Die Früchte der Eberesche leuchten orangefarben und gemahnen daran, dass der Höhepunkt des Sommers überschritten ist. Auch die zartblauen Blüten der Wegewarte stehen bereits in der Wiese. Rote, rosa und weiße Spinnenblumen und Phlox in vielen Rottönen beherrschen jetzt den Toskanagarten. Am Abend sitze ich auf dem Stuhl in der buchsumzäunten Nische und schaue, wie das weiche Abendlicht die Farben leuchten lässt.

Folgende Seiten:
Kastanienallee in sommerlicher Pracht; Königskerze; der Mohn hat sich in den Oleandertöpfen ausgesät.

September

1. Es ist Erntezeit für Mensch und Tier. Die Mehlbeerbäume vor dem Haus leuchten rostig-orange in der Abendsonne. Sie sind dicht bei dicht mit Beeren besetzt und viele Vögel tummeln sich in den Ästen. Auch für sie gibt es jetzt ein reichliches Angebot an Leckereien. Sie lieben die reifen Weißdornfrüchte,

Es ist Erntezeit für Mensch und Tier.

Holunderbeeren und die Hagebutten der Kartoffelrose in der Rosenhecke. Eifrig picken sie das Fruchtfleisch und lassen die pelzigen Samen auf den Boden fallen. Auch von den süßen kleinen Birnen holen sie sich wie Mäuse, Igel und Kaninchen ihren Anteil. Bei so viel Konkurrenz muss ich mich schon beeilen, die leckeren Früchte einzusammeln, die aus den hohen brüchigen Ästen des uralten Baumes nicht mehr gepflückt werden können. Deshalb darf auch die 'Kiftsgate' mit ihren mörderischen Stacheln in diesen Baum wachsen, während ich Obstbäumen, die sich abernten lassen, undankbarerweise diesen Schmuck vorenthalten muss.

3. In der Wildhecke habe ich Trauben reifer Brombeeren entdeckt. Schon läuft mir beim Gedanken an Brombeermarmelade das Wasser im Mund zusammen. Etwas eigenartig ausgerüstet begebe ich mich an die Erntearbeit. Ein an einer Kordel befestigter Plastikeimer hängt um meinen Hals, in einer Hand halte ich einen Krückstock zum Heranziehen der Fruchttriebe, auf der Schulter ruht die Aluleiter. Früher sammelten die Kinder gerne mit, nach dem Prinzip: zwei in den Mund, eine in den Topf. Herward drückt sich vor dem Beerenpflücken wegen seiner (nicht überprüften) Farbenblindheit.

4. Der Spätsommer beschert uns noch herrlich warme Tage. Nach dem ausgiebigen Regen duftet der Garten schwer und warm nach Erde, Früchten und Phlox. Welch ein Erntetag. Am Birnbaum 'Williams Christ' sah ich gestern Früchte fallen und heute morgen sind sie schon von einer Schar von Kostgängern angefressen. Schnell ist der junge Baum abgeerntet und liefert einen Korb voller saftiger Birnen, alle außerhalb der EU-Norm – aber um so köstlicher.

5. In der gelben Rosenecke zeigen 'Golden Wings', 'Abraham Darby', 'Graham Thomas' und 'Yellow Charles Austin' einen üppigen zweiten Blütenflor und danken so für den Rückschnitt und die Düngergabe nach der Hauptblüte im Mai und Juni. Ebenso blühen 'Gertrude Jekyll', 'Edenrose', 'Lavender Lassie', 'Dapple Dawn' und 'Chartreuse de Parme' in der rosaroten Ecke bis in den Spätsommer hinein. Auch 'Rosa mutabilis' steht noch in voller Pracht. Sie ist, wie ihr Name sagt, nicht nur launisch, was ihre Blütenfarbe betrifft, die von rot und orange in der Knospe bis zu pink und lachs alle Farbübergänge zeigt. Man weiß auch nie, ob man bei einer Pflanze eine Miniaturausgabe erstanden hat oder ein Exem-

Rosa mutabilis

plar, das über zwei Meter hoch wird. Bei mir stehen beide nebeneinander.

7. Vor dem Haus frisst sich die lärmende Erntemaschine in das Maisfeld und spuckt den Häcksel in einen Anhänger. Ich freue mich, wenn der Blick wieder frei zu dem Wäldchen gegenüber schweifen kann. Am Nachmittag picken eine Schar Rebhühner und ein Schwarm Ringeltauben eifrig die liegengebliebenen Maiskörner auf. Ich denke an die Zeit, als die Kinder noch klein waren und ich mich tagelang wunderte, dass sie so ungewöhnlich ausdauernd draußen spielten – bis zu dem Augenblick, als der benachbarte Landwirt zornig und lachend zugleich vor der Haustür stand.
In seinem Maisfeld verborgen hatte er beim Abernten einen großen runden Kahlschlag entdeckt, mit Indianerzelten aus abgehauenem Mais. Identifiziert wurden die Sünder dadurch, dass die Blätter der Pflanzen, die das Indianerdorf umgaben, säuberlich zu Zöpfen geflochten waren. Diese Fingerfertigkeit besaß von allen Kindern des Fürstenberges nur unsere Eva mit ihren langen Zöpfen.

8. Ein Ziegel des Weges im Kräutergarten wackelt. Als ich ihn hochhebe, finde ich ein fein ausgepolstertes Mäusenest mit vier nackten rosa Jungen. Voller Respekt vor ihrem Mut schaue ich regungslos zu, wie die Mäusemutter vor meinen Augen ein Junges nach dem anderen packt und im Maul zur Komposthaufenecke unter den Nussbaum trägt.
Die Klinker sind in den blanken Boden verlegt. Unter ihrem schützenden Dach hat sich ein reiches Kleintierleben entwickelt. Besonders Asseln, Ameisen und Regenwürmer schätzen dieses Wohnungsangebot und helfen zum Dank beim Lockern des Bodens, beim Zerkleinern fauliger Pflanzenteile und der Verbreitung meiner Veilchen.

9. Die Blüte des Knöterich, der sich großflächig über den Zaun und in die Hecke schlingt, bildet eine weithin leuchtende Fläche. Jetzt sieht man auch, dass er wieder hoch in die Bäume klettert. Als wir den Zaun setzten und die Hecke aus Weißdorn, Heckenrose, Ahorn und Linde pflanzten, wollte ich in meiner Ungeduld den unschönen Maschendrahtzaun schnell berankt haben. Es ist auch in kürzester Zeit eine Wildnis entstanden, in der die Vögel gern ihre Nester bauen. Nun aber kämpfen wir jeden Winter mit Machete und Heckenschere gegen das wüste Geschlinge an, das aus den Bäumen entfernt werden muss.

10. Nachdem es voriges Jahr kaum Steinobst gab, fällt dieses Jahr die Zwetschgenernte reichlich aus.

Es scheint, als ob die Bäume hin und wieder eine Ruhepause benötigten. Für den Pflaumenpfannkuchen zum Mittagessen pflücke ich schon mal ein Körbchen voll. Auch für „Prumme taat“ ist der Reifegrad richtig. Nur für das Pflaumenmus müssen sie noch etwas am Baum hängen bleiben. Der ideale Reifegrad ist erreicht, wenn sie anfangen, am Stiel zu schrumpfen.

11. Die bis zu vier Meter langen Triebe der Ramblerrosen winde ich um die Klettergestelle am Rosenbogengang. Diese Triebe bringen im nächsten Jahr die Hauptblütenpracht hervor. Einige Ranken sind schon ins Gras der Wiese gewachsen und müssen vorsichtig gelöst werden. Gut gelenkt und befestigt entwickeln sich die Triebe sichtlich schneller weiter. Zum Festbinden benutze ich kunststoffüberzogenen Draht, den man mit einem Dreh befestigt. Ich achte beim Einkauf auf die Farbe des Drahtes; zu viele scheußlich neongrüne Varianten sind auf dem Markt und stören im Garten das Bild. Natürlich sind meine Arme wieder verkratzt. Ein kleines Opfer für den Rosenrausch im nächsten Jahr.

12. Nach den herrlich warmen, fast mediterranen letzten Wochen ist heute der erste Herbsttag. Der Westwind treibt die Wolken vor sich her und putzt die Luft sauber. Er kommt direkt vom Atlantik, ist feucht und duftet nach Meer. Die Pflanzen scheinen tief durchzuatmen und Blätter und Gras wirken grüner. Unter dem Einfluss des Windes bilden sich Flechten und Moose an den Wetterseiten der Bäume, auf den Mauern und an den Steintrögen. Ich genieße

den Wechsel der Jahreszeiten, den alle, die es in den Süden getrieben hat, irgendwann vermissen.

13. Die Kronenwicken sprießen durch die Öffnungen der Sitzfläche eines Gartenstuhls auf der Wiese, umkleiden und verfremden ihn. Wir müssen uns schon mächtig anstrengen, wenn wir diesen Überschwang unseren Vorstellungen entsprechend lenken wollen. Bald, wenn alle „Wildlinge" sich wieder ausgesät haben, wird auch die Wiese gemäht. So verhindert man, dass Weiden-, Birken-, Weißdorn- und Holundersämlinge zu einer Verbuschung führen. Auch wird Luft geschaffen für zartere Pflanzen, wie z.B. im Frühjahr für Krokusse und Narzissen, im Sommer Mohn, Lein und Wiesensalbei.
Seit wir die Wiese vor 28 Jahren eingesät haben, verändert sich ihre Pflanzengemeinschaft jedes Jahr. Auf dem verarmten landwirtschaftlich genutzten Boden wuchsen anfangs hauptsächlich Ödlandpflanzen wie Margeriten und Kamille, die wir für Tee ernteten, eingedenk des Spruches meiner Mutter: „Wo ein Kamillenblütchen hinkommt, da heilt es auch."
Nun lebt in der Wiese eine Vielfalt an Wildblumen und Kleintieren. Vor Jahren haben wir dafür die Kosmos-Medaille „Natur in unserer Hand" bekommen.

Nach den herrlich warmen, fast mediterranen letzten Wochen ist heute der erste Herbsttag.

14. Die Trichterwinde darf zusammen mit rankender Kapuzinerkresse in die Schilfhalme am Teichrand wachsen. Beide säen sich selbst zwischen dem Schilf aus. Ihre Blüten und runden sowie herzförmigen Blätter bilden einen Kontrast zu den etwas starren, strengen Schilfhalmen.

16. Ich ernte jetzt Tomaten in jeder Größe, Form und Farbe: Rote, gelbe, grüne, gestreifte, marmorierte und gefleckte, viele kleine wie Trauben an einer Rispe, große ovale, süße, saure, herzhafte! Eine erstaunliche, leckere Vielfalt. Überall, wo ich besondere Tomaten sehe, kaufe ich sie. Aus der vollreifen Frucht löse ich die Samen mit der umgebenden Hülle heraus und lege sie zwei Tage lang in ein Glas mit warmem Wasser, wo sie zu gären beginnen. Dadurch wird die gallertartige Samenhülle aufgelöst und die Keimfähigkeit des Samenkorns erhöht. Auf Küchenkrepp getrocknet, bleibt das Saatgut, wenn es trocken, kühl und dunkel gelagert wird, mehrere Jahre lang keimfähig. Aus dem im Saatbeet ausgebreiteten Küchenkrepp, leicht mit Erde bedeckt, sprießen in kurzer Zeit die Tomatensämlinge für das sommerliche Tomatenvergnügen.

17. Ich wundere mich, dass die Hähne seit einigen Tagen an den Blättern und Samen meiner Rizinus-

pflanze auf der Terrasse picken, obwohl das in ihnen enthaltene Ricin hochgiftig ist. Aber es geht ihnen noch gut. Vielleicht benutzen sie instinktiv kleine Portionen davon als Medikament – selbst Hühner haben ihre kleinen Geheimnisse.

18. Auf meinen Abendrundgang begleitet mich wieder Griselda. Sie streicht so nah um meine Beine, dass ich aufpassen muss, nicht zu stolpern. Dann läuft sie wieder auf dem Weg voraus, bleibt aber auf der Kreuzung stehen, um mich fragend anzuschauen:

„Welchen Weg gehst du?“ Sie scheint unseren Abendspaziergang genauso zu genießen wie ich. Als ich mich auf eine Bank setze, mit Blick auf den Teich, in dem sich die untergehende Sonne spiegelt, setzt sie sich neben mich und schnurrt. Wie sie sich an mich schmiegt, gibt sie mir ein Gefühl von Wärme und Nähe. Mensch und Haustier haben eine lange gemeinsame Geschichte und mit ihnen sind wir der Natur ein gutes Stück näher.
Einmal fand Eva beim Spielen im Stoppelfeld ein ausgesetztes Kätzchen in jämmerlichem Zustand. Viele Tierarztbesuche und Evas Pflege retteten ihm das Leben. Sie war unsere erste Hauskatze und die Stammmutter der folgenden Katzengenerationen bis auf den heutigen Tag.

20. **Am Sternrenettenbaum in der Obstwiese** hinter dem Teich prüfe ich, ob seine Äpfel reif sind. Ich nehme einen in die Hand, drehe ihn leicht und der Stiel löst sich. Also, alles stehen und liegen lassen und Sternrenetten ernten. Zudem schüttelt der Wind heute mächtig an den Zweigen und einige Äpfel fallen schon herunter. Dabei bekommen sie Schadstellen, so dass sie beim Lagern schnell faulen. Ansonsten halten sie sich im kühlen gemauerten Keller des Hauses bis Weihnachten und schmücken dann den Weihnachtsbaum. Die Wachsschicht auf ihrer dunkelroten Schale wird für diesen feierlichen Zweck auf Hochglanz poliert.

21. **Zwei Hähne picken Ameisen auf,** die sich im Myrtentopf angesiedelt haben. Leider zerstören sie durch ihr Scharren auch die Bubiköpfe, die die Erde der Töpfe bedecken. Die Bubiköpfe sehen hübsch aus und zeigen an, wenn gegossen werden muss. Ihre zarten kleinen Blättchen reagieren schnell auf Trockenheit, während die harten Myrtenblätter einen Wassernotstand erst anzeigen, wenn schon ein Schaden entstanden ist.

22. **In den Rasen im Innenhof hat sich Klee** eingeschlichen. Auf dünnen Stielen sind die dreiteiligen Blattschirme gespannt. Ich halte beim Mähen inne

und beobachte zum ersten Mal ihre besondere Weise, im Wind zu erzittern. Fast tut es mir leid, sie abzuschneiden.

23. Es lohnt sich, ein fast vergessenes Gemüse, das schon Griechen und Römer kannten und das auch im Mittelalter sehr beliebt war, wieder zu entdecken: Mangold. Neben dem ursprünglichen mit dunkelroten Stielen steht die Sorte 'Bright Lights' in meinem kleinen, neu angelegten Gemüsebeet am Froschteich. Mit von auffälligen Nerven durchzogenen, welligen Blättern und Blattstielen in allen Regenbogenfarben ist er fast zu schön zum Essen. Die Blätter können bis November als Salat oder auch wie Spinat verwendet werden. Die farbigen Stiele, in längere Stücke geschnitten und zehn Minuten in kochendem Salzwasser gedünstet, behalten ihre Farbe und sehen dekorativ auf dem Teller aus. Früher hatte ich einen großen Gemüsegarten, den ich aufgab, als Knud geboren wurde. Noch heute sieht man am andersartigen Bewuchs in der Wildwiese, wo er lag.

Manchmal glaubt man, in seinem Garten ein Zipfelchen des Paradieses erhascht zu haben.

24. Ich sehe die von rostfarbenen Beeren strotzenden Äste des Mehlbeerbaumes, die sich ans Fenster strecken. Zwischen ihnen ranken sich die biegsamen Zweige der Rose 'Crimson Shower', die noch jetzt leuchtend karmesinrote Röschen tragen. Darunter breitet sich ein Teppich zart violetter Herbstzeitlosen aus. Diese etwas gewagte Farbkombination wird eingebunden in das noch kräftige grüne Gras und die schon herabgefallenen gelben Blätter. Es ist erstaunlich, wie sich fast alle natürlichen Farben harmonisch ineinander fügen. Nur selten wird eine Farbkombination zu laut. So habe ich einen rot blühenden Rhododendron aus der Allee entfernt, der die zarte weiß-blau-violette Farbphase störte.

26. Der Garten liefert das ganze Jahr hindurch eine Fülle an Materialien, um das Haus und vor allem den Tisch zu schmücken. Passionsblumenranken aus dem Treibhaus lege ich gerne längs der Mitte auf den Tisch, besonders wenn sie wie jetzt malerische orange Früchte tragen.

27. Im Toskanagarten schneide ich Abgestorbenes und Abgeblühtes heraus. Ich jäte und hacke Komposterde unter. An den so vorbereiteten Stellen säe ich schon Mohn, Jungfer im Grünen und Kornrade, die dann im nächsten Jahr bedeutend früher blühen.

28. Manchmal glaubt man, in seinem Garten ein Zipfelchen des Paradieses erhascht zu haben. Aber heute entdecke ich etwas Schreckliches – eine Rabenkrähe, die sich in dem Gewirr der Rambler-Rosenzweige erhängt hat. Welches Drama mag sich hier abgespielt haben?

30. Die Früchte von Geißblatt, Pfaffenhütchen und Ilex, die es jetzt reichlich in meinem Garten gibt, sind alle giftig. Solange unsere Kinder noch klein waren, habe ich Pflanzen und Sträucher vermieden, die auffällige giftige Früchte tragen. Sogar unseren Goldregenbaum haben wir damals gefällt.
Inzwischen wächst so manches giftige Kräutlein in meinem Garten. Mein Mann ist immer nett zu mir.

Rechts: Toskanagarten.
Folgende Seiten: Goldener Herbst im Obstgarten.

1. Die Katze hat zwei Wiesel gefangen. Das also waren die Kükenmörder. Der Fuchs ist halbwegs entlastet.

2. Als ich heute Abend noch schnell einen Korb dunkelroter Äpfel der alten Sorte 'Roter Eiser' pflücke, höre ich über mir vertrautes Rufen: Ein Keil arktischer Wildgänse zieht über mir zum Altrhein. Sie sind nach ihrer langen Reise an den Niederrhein zurückgekehrt. Wir halten noch immer Ausschau nach Nils und Martin und Akka.

Oktober

3. Ich habe reichlich geerntet und allen Grund, am heutigen Erntedankfest für den Überfluss, dessen ich kaum Herr werden kann, dankbar zu sein. Für uns auf dem Fürstenberg ist das eigentliche Erntedankfest die „Appeltaatse Kirmes" am ersten Sonntag nach Kreuzerhöhung. An der gotischen Kapelle auf dem Berg findet ein Gottesdienst im Freien statt. Danach zieht eine Dankprozession über die Felder. Zu Hause kommt dann traditionsgemäß „Appeltaat" auf den Tisch.
Die Kapelle auf dem Berg ist das einzige Überbleibsel eines Nonnenklosters, das im Spanischen Erbfolgekrieg zerstört wurde. Die Nonnen, denen auch das Gelände der Römerstadt „Colonia Ulpia Traiana" gehörte, hatten Jahrhunderte lang vom Verkauf des Steinmaterials gelebt.

5. Ich lüfte, um die saubere niederrheinische Luft ins Haus zu lassen, als ein mehr als herzhafter Geruch hereinweht. Der Bauer hat das abgeerntete Maisfeld mit Gülle gedüngt. Zum Glück pflügt er alles sofort unter. Die schwarz-weiße Gesellschaft aus Möwen und Saatkrähen, die sonst eifrig hinter jedem Pflug herflattert, ist nicht da. Offensichtlich stinkt selbst ihnen die Gülle zu sehr.

6. Die reifen Samen der kleinblütigen *Clematis viticella* fallen mir beim Anfassen bröckelig in die Hand. Einige Sämlinge davon habe ich im Kräutergarten gefunden. Das hat mich angeregt, den Samen gezielt in ein Anzuchtbeet zu säen. Vielleicht kann ich dann nächstes Jahr zu jeder Rose im Rosenbogengang eine selbstgezogenen *Clematis* pflanzen.

7. An straffen, kurzen Stielen, mit fünf lichtrosa, zierlich gedrehten Blütenblättern stehen die *Zyklamen* in Mengen unter der Esskastanie. In der noch warmen Mittagssonne drängen sich kleine Erdbienen mit dicken Pollenhöschen bepackt um die Futterquelle. Ich hätte nie erwartet, dass die wenigen Knollen, die ich vor Jahren dort pflanzte, sich in dem sauren Boden unter der Kastanie so vermehren würden. Aber beim Düngen der Christrosen mit Dolomitkalk haben auch sie eine Handvoll abbekommen. Jetzt werde ich diesen Herbst auch an anderen Stellen Knollen pflanzen.

8. Im Kräutergarten fördere ich Gelege von Schnecken ans Tageslicht. Die Eier sehen wie weiße, durchscheinende Perlen aus. Ich sammle sie auf und streue sie den Hühnern hin, die sie begierig aufpicken. Die Weinbergschnecke, die ich finde, lasse ich in ihrem feuchten Versteck. Sie richtet kaum Schaden an. Manchmal gelingt es den Weinbergschnecken sogar, die Nacktschnecken zu verdrängen. Dirk hatte vor langen Jahren mehrere Exemplare ausgesetzt, die sich in meinem Garten auch fleißig vermehrten. Jedes Kind hatte seine Schnecke, die mit Nagellacktupfern in einer bestimmten Farbe gekennzeichnet wurde. Das Spiel war, der eigenen Schnecke irgendwann und irgendwo im Garten zu begegnen. Wir stellten fest, dass sie sich recht heimisch fühlten und immer wieder in denselben feuchten Verstecken finden ließen. Es waren übrigens musikalische Schnecken. In etwas Spucke auf die Hand gesetzt lockten wir sie mit dem Lied: „Schnecke komm aus deinem Haus, strecke deine Fühler aus" aus ihrem Schneckenhaus.

9. Als ich gestern Abend nach Hause fuhr, erschwerten die ersten dichten Nebelschwaden des Herbstes die Sicht. Heute, am frühen Morgen, sieht der große gedrehte Buchsbaum auf der Terrasse wie ein üppig mit Engelshaar geschmückter Weihnachts-

baum aus, so dicht ist er mit Spinnweben überzogen. Die wie Trampoline gespannten waagerechten Netze auf jeder Etage der Buchsspirale sind an senkrechten Halteseilen aufgespannt. Im ersten Sonnenlicht schimmern feinste Tauperlen auf dem Werk der fleißigen Weberinnen.

10. Die Mehlbeerbäume vor dem Haus haben im Sommer die vorderen Räume schön kühl gehalten. Wenn ihre Äste größer und schwerer werden, senken sie sich und verdecken nun fast vollständig das Haus. Ein wenig von der schönen alten Ziegelmauerfassade möchte ich wieder sichtbar werden lassen. Deswegen asten wir heute die Bäume auf. Herward schneidet vorsichtig einen Ast nach dem anderen ab, und wir begutachten jedes Mal das Ergebnis, denn es ist schnell zuviel abgeschnitten. Die schöne geschlossene Krone soll erhalten bleiben. Sie beschirmt das Haus und bremst die Herbststürme, die früher schon mal das Dach abdeckten. Mich stören auch die Blätter nicht, die jetzt herunterfallen. Ich harke sie nur vom Eingangsweg fort, damit der Briefträger nicht ausrutscht.

11. Wenn man junge Pflanzen setzt, bedenkt man oft ihre erwachsenen Ausmaße nicht. So reicht der Blumenhartriegel *Cornus nuttallii*, den ich vor zehn Jahren gepflanzt habe, inzwischen mit seinen malerisch ausladenden Ästen bis weit in den Weg hinein. Ich werde ihn trotzdem nicht stutzen, eher verlegen wir den Weg. Ich möchte auf keine der herrlichen Blüten verzichten, die aussehen, als ob sich ein Schwarm weißer Schmetterlinge auf dem Baum niedergelassen hätte, und deren Ansätze sich schon in den Zweigspitzen zeigen.

12. Von den reifen flaschenförmigen Hagebutten der *Rosa moyesii* entferne ich das Fruchtfleisch und fülle die Samen mit etwas feuchtem Kompost in einen Plastikbeutel. Dort bleiben sie sechs bis acht Wochen. Dann kann man sie in sandiger Erde aussäen.

13. Eine Henne lockt gluckend zehn Küken hinter sich her auf die Terrasse und stellt uns ihren im geheimen Versteck ausgebrüteten Nachwuchs vor. Alle möchten gefüttert werden. Wenn sie die Küken hudert, wollen wir sie einfangen, indem wir einen Korb über sie stülpen. Im sicheren Treibhaus kann sie geschützt vor Kälte und Raubzeug ihre späte Brut großziehen.

14. Als ich eine am Baum hängengebliebene Zwetschge naschen will, entdecke ich eine Steinfliege am Stamm des Baumes, der nahe am Teich steht. Ihre langen Fühler streckt sie nach vorne aus, die dünnhäutigen fahlen Flügel, die in der Sonne schillern, hat sie am Hinterleib angelegt. Ich freue mich, sie hier zu finden. Ihre Larve hat mit Sicherheit im Teich gelebt, was ein Zeichen für klares, sauerstoffreiches Wasser ist. Der große Teich enthält viele sauerstoffproduzierende Unterwasserpflanzen. Das reicht aus, um das Wasser ohne jede Technik sauber zu halten.

Ein Keil arktischer Wildgänse zieht über mir zum Altrhein.

15. In der sanften Mittagssonne hört man keinen Laut, nur hin und wieder das Krähen der Hähne und das Klopfen, wenn reife Äpfel, Walnüsse oder Kastanien vom Baum fallen. Durch die Wärme verführt, bilden Wasserjungfern noch jetzt ihr Hochzeitsrad und tupfen ihre Eier auf die Wasseroberfläche.
Die Walnüsse sammle ich jeden Tag auf und breite sie im Haus auf alten Betttüchern aus, um sie trocknen zu lassen. In den gelben Kunststoffnetzen, in denen die Blumenzwiebeln verpackt waren, verwahre ich die Nüsse dann hängend im trockenen, kühlen Pferdestall auf.

16. Schnell fülle ich einen Spankorb als kleines Mitbringsel für Freunde. Auch auf unserem Küchentisch steht jetzt immer ein bunter Ernteteller: knackige Äpfel, saftige Birnen und duftende Quitten, Walnüsse, Kastanien, die letzten Pflaumen und sogar rote Trauben, erstaunlich süße sogar, vom nach Süden gerichteten Dach der Scheune.
Die Kinder hatten früher die Idee, eigenen Wein herzustellen. Der Name stand jedenfalls schon fest: „Fürstenberger Komposthaufenauslese", weil ich die Stöcke immer reichlich mit Kompost versorgte.

17. Die Hühner nutzen aus, dass heute die Sonne noch wärmt. Sie haben ein besonderes Geschick, die geschütztesten Plätze zu finden, wo sie sich staubbadend, putzend und plusternd sichtbar wohlfühlen.
Ein Zwerghahn hat die größte Myrte als Schlafplatz auserkoren. Unter seinem geringen Gewicht biegt sich der Ast, auf dem er bei Dämmerung Schutz sucht, kaum und die dichten kleinen Blätter verbergen ihn vollständig. Ich beobachte, wie er den Topf umkreist, dann flatternd die erste Etage – die Topfoberseite – erreicht und geschickt in das Geäst der Myrte fliegt. Er wird sich demnächst einen anderen Schlafplatz suchen müssen, denn sobald wir muskelstarke Hilfe bekommen, fahren wir die Myrten ins Winterquartier.

19. Eine Schar durchziehender Wacholderdrosseln hat die Mehlbeerbäume ausgemacht. Ich stehe regungslos hinter der Fensterscheibe. Sie scheinen mich nicht zu bemerken und lassen auch die Beeren, die direkt ans Fenster reichen, nicht aus. Aus der Nähe kann ich die lebhaft gezeichneten Vögel beobachten, ihre grauen, schlanken Köpfe, den braunen Rücken und die schwarzgefleckte rostgelbliche Unterseite. Welch ein Geflatter und Gehusche. Mit akrobatischen Balanceakten versuchen einige, noch die saftigsten Früchte an den dünnen Zweigenden zu erreichen. Flügelschlagend halten sie das Gleichgewicht, während sie Hals und Schnabel nach den Beeren recken. Manche Drosseln ergattern die begehrte Beute sogar im Flug, lassen sich dann nieder, verschlucken die ganze Beere und putzen danach heftig den Schnabel am Ast.
Am Nachmittag fängt es heftig an zu regnen und auf dem Weg bildet sich eine breite Pfütze. Ein Schwarm Stare landet dort, einige trinken vom Rand aus, andere drängen sich zu einem wilden Gemeinschaftsbad. Danach stürmt die Horde in die Mehlbeerbäume, um auch die allerletzten roten Leckerbissen abzufressen. Die Ästchen der doldigen Fruchtstände stehen nun kahl da und fallen erst nach den letzten Blättern ab.

20. Erst eine Kastanie auf den Kopf, dann eine auf den Rücken! Mit schützend über den Kopf gehaltenen Händen fliehe ich aus der Kastanienallee, wo die Esskastanien nur so herabprasseln, obwohl sich kein Windhauch regt. Sie liegen einzeln da oder glänzen seidig braun aus aufgeplatzten hellgrünen Fruchtschalen, die mit langen spitzen Stacheln besetzt sind und wie Igel aussehen. Meist zu dritt ruhen sie in einem mit seidigen Haaren ausgefütterten Bett.
Uns schmecken die Kastanien am besten geröstet, mit Rotwein am Feuer. Für einen Wintervorrat legen wir eine Miete an. Dafür gräbt Herward ein einen Spatenstich tiefes Loch, das ich mit feinmaschigem Draht auslege, als Schutz gegen Mäuse. Die Kastanien werden hineingeschüttet und erst mit einer Strohschicht und dann mit Erde bedeckt.
Wegen der trockenen Kastanienstacheln konnten unsere Kinder früher auf dem Grundstück nie barfuss laufen; die Spitzen brechen in der Haut ab und sind nur schwer zu entfernen.

21. Jetzt im Oktober, wenn die Zeit des Wachstums ausklingt, pflanze ich neue Blumenzwiebeln und bei jeder unansehnlich braunen und tot wirkenden Zwiebel habe ich schon die duftende Blüte vor Augen, die sie birgt – eine Ahnung von Neubeginn inmitten der herbstlichen Vergänglichkeit.

22. Mit Riesenlauch und Blauzungenlauch habe ich gute Erfahrungen gemacht. Sie vermehren sich und Wühlmäuse verschmähen sie. Also konnte ich nicht widerstehen, eine Menge eiförmiger Zwiebeln des iranischen Blumenlauchs zu kaufen. Am Nachmittag pflanze ich sie in einem Kranz zwischen die Ballerinarosen ins Rosenrondell am Treibhaus. Sie werden sich Ende Mai mit bis zu 1,50 Meter hohen Stielen mit violetten Blütenbällen über die ersten zartrosa Röschen erheben.

23. Angela ruft an. Sie macht ihren Garten winterfest und muss sich von dem wuchernden Pfennigkraut trennen. Ich hingegen kann Pflanzen gebrauchen, die sich flächig ausbreiten und dann in der Blüte ein natürliches und großzügiges Bild ergeben. Also kommt sie mit einem Kofferraum voller Apfelsinenkisten mit *Lysimachia* und wir haben viel Spaß beim gemeinsamen Einpflanzen.

24. Stolz stehe ich vor den Hürden, auf denen die diesjährige Apfelernte lagert. Da liegen locker nebeneinander, sodass sie keine Druckstellen bekommen, „Roter Eiser“, „Bonapfel“ und „Sternrenette“ neben „Rotem Boskop“, „Jacob Label“, „Grafensteiner“ und „Kaiser Wilhelm“. Es sind alles alte Apfelsorten, die mein Mann ausgewählt und gepflanzt hat, weil sie den hiesigen Boden- und Klimaverhältnissen am besten angepasst sind und ohne Spritzen auskommen. Eine Hürde wartet noch auf die Apfel- und Birnenquitten. Die Äste biegen sich unter ihrer Last. Man kann schon den Pflaum auf der Schale abreiben, ein sicheres Zeichen, dass auch sie reif sind.
Man munkelt, dass Eva Adam eigentlich mit einer Apfelquitte verführt hat, dem Urapfel, dessen Heimat Iran und Armenien sind. Wenn einem der verlockende Duft der goldenen Frucht in die Nase steigt, fällt es nicht schwer, dies zu glauben. Nach kurzer Lagerzeit zum Nachreifen will ich sie ganz prosaisch zu Gelee und Marmelade verarbeiten. Täglich kontrolliere ich den Wintervorrat und entferne Faulendes. Die Katze hält zum Glück die Mäuse fern, die sich nur zu gern einen Anteil an der Ernte holen würden.

25. Vor den zierlichen gefiederten Blättern der Bibernellrose, die jetzt bräunlich-rot verfärbt sind, heben sich die schwarzen Hagebutten besonders ab. Die Wildrose hat schon als eine der ersten im Mai ihre zahlreichen cremefarbigen Blüten gezeigt. Fünf Pflanzen habe ich im Halbkreis um eine Bank gesetzt und beobachte voller Freude, wie dieses Rund sich ständig durch Wurzelausläufer verbreitert. Die eigenartigen flaschenförmigen Hagebutten der *Rosa moyesii* sind besonders reizvoll, wie auch die gleich blutroten Perlen aus dem Geäst des Birnbaums leuchtenden Hagebutten der 'Kiftsgate'. Die Hechtrose hat ebenfalls besonders üppige Hagebutten angesetzt.
An öfter blühenden Rosen entferne ich das Abgeblühte, während ich es bei einmal blühenden und vor allem bei Wildrosen stehen lasse, damit die Hagebutten im Herbst den Garten schmücken.

26. Der Nussbaum am Hühnerhaus ist schon lange abgestorben. Wir haben die äußeren Äste gekappt, damit sie nicht herabfallen. Nun dient der tote Stamm als Unterkunft für allerlei Getier wie Borkenkäfer und Holzwespen. Die Rinde ist an vielen Stellen abgeblättert und Algen und Flechten

Blick vom Lieblingsplatz über den Teich hin zur Scheune.

schmücken das Holz in ungewöhnlichen Grünkombinationen. Der hohe tote Baum dient als Klettergestell für eine weiße Glyzinie, die ihn völlig erobert hat und deren Ranken schon seitlich herabfallen. Leider hat sie noch nie geblüht.
An der hinteren Kastanie war bei einem Sturm im Januar ein dicker Ast abgebrochen und hatte sich von oben über den Weg gelegt. Ich konnte ihn vor der Kettensäge retten, weil ich bemerkt hatte, dass ihn noch ein großes Rindenstück mit dem Baum verband. Und wirklich, im Frühjahr trieb er wieder aus. Um dieses natürliche Tor lasse ich nun die schattenverträgliche Rose 'Weddingday' ranken. So habe ich Vorgaben der Natur in die Gartengestaltung einbezogen.

27. **Die alten Zweige aus dem Jasminstrauch** entferne ich, um den jungen, aus der Strauchbasis kommenden Trieben Platz zu machen. Dann werden im nächsten Jahr der ungefüllte Bauernjasmin *Philadelphus coronarius* und dicht gefüllte *Philadelphus virginalis* noch üppiger blühen, während sich ihre anmutigen Zweige bis auf den Boden biegen und den Garten wieder mit Duft erfüllen.

28. **Blankes Gold leuchtet in den Kastanienbäumen,** Goldblätter rieseln sanft herab und Goldstücke schwimmen auf dem blauen Wasser – weich umgeben mich die wahrscheinlich letzten warmen Sonnenstrahlen des Jahres. Ich fühle mich gefangen, aber auch aufgehoben im Rhythmus der Jahreszeiten, dem Werden und Vergehen.

30. **Nun ist es schon wieder soweit:** Die ersten Frostnächte drohen und die Myrten müssen in ihr Winterquartier im Treibhaus. Zwar vertragen sie wie die meisten mediterranen Pflanzen leichte Minusgrade; ich möchte jedoch jedes Risiko vermeiden, denn sie sind mein ganzer Stolz. Immerhin pflege ich die drei größten seit 35 Jahren und habe die anderen aus Stecklingen selbst gezogen. Durch die jahrelange Zuwendung sind sie zu vertrauten Schützlingen geworden. Es ist schon ein das Jahr gliederndes Ritual, sie so früh, wie wir es wagen, aus dem Treibhaus zu holen und im Oktober wieder dorthin zu befördern. Den Sommer über schmücken sie die Terrasse, die dann zu unserm Myrtenhof wird. Sie brauchen reichlich Wasser und im Frühjahr hole ich den Dung unter der Hühnerstange, rühre ihn in Regenwasser aus der Tonne an und gieße damit die Myrten. Sie fühlen sich offensichtlich wohl dabei. Geschnitten werden sie, bevor sie ins Winterquartier kommen und auch noch später, wenn eine Krone zu locker wird.
Natürlich werden die Myrten mit jedem Jahr größer. Und alle Jahre wieder findet eine Umtopfaktion statt, wobei die größten Bäume neue Töpfe bekommen, und die kleineren in die leer gewordenen Wohnungen nachrücken. Inzwischen brauchen wir die Hilfe von zwei Männern, um die Töpfe zu bewegen. Die Myrtenstecklinge konnten sich in einem Sand-Torfgemisch bewurzeln. Alle Seitentriebe wurden vorsichtig abgeknipst, sodass ein gerader Mitteltrieb entstand. Als er lang genug war, um den Stamm zu bilden, habe ich die oberen Seitentriebe wachsen lassen und die Knospe des Haupttriebes entfernt. Das Ganze hat allerdings „nur" zehn Jahre gedauert.

Die ersten Frostnächte drohen und die Myrten müssen in ihr Winterquartier.

Rechts: Herbstblühendes Cyclamen hederifolium.
Folgende Seiten: Goldener Oktober.

November

1. Manche Pflanzen haben eine Geschichte, wenn sie in meinen Garten kommen. Die frostfeste Fuchsie *Fuchsia magellanica* 'Gracilis' blüht bis zum ersten Frost mit zierlichen, hängenden Blüten. Zwischen vier dunkelroten, abgespreizten Kelchblättern hängen die zur Röhre zusammengerollten purpurnen Kronenblätter, die lange Narbe und die feinen Staubblätter.
Einen Ableger dieser schönen Fuchsie hat mir ein Bekannter aus seinem Garten in Erlangen geschickt. Er selbst bekam seine Fuchsie vor 30 Jahren als Ableger aus dem Garten der Schwiegereltern. Meine großblättrige Duftgeranie hat eine Rundreise gemacht. Vor Jahren gab ich einer Freundin einen Zweig. Nun, da meine Mutterpflanze eingegangen ist, erhielt ich heute einen Ableger der Tochterpflanze zurück.

2. Es dauert beinahe eine Woche, bis ich meine fast 1 000 Rosenstöcke versorgt habe. Mit einer Schubkarre fahre ich den verrotteten Pferdemist zu den Rosen und lege ihn um ihre Füße. So sind die Veredlungsstellen vor Frost geschützt. Das ist gar nicht so „anrüchig" wie man meint: Der Mist stinkt nicht mehr, sondern riecht erdig-würzig.

3. Als ich im Toskanagarten die Walnussblätter zusammenkehre, bemerke ich aus den Augenwinkeln ein vorbeihuschenden Schatten. Ich verharre ganz still und entdecke ein zierliches Rotkehlchen, zum Greifen nahe. Es sieht mich aus seinen klugen dunklen Augen an. Als ich leise flöte, neigt es den Kopf, wie um die seltsamen Laute besser zu verstehen. Es muss wohl etwas in gebrochenem „Rotkehlisch" gewesen sein. Denn das kleine Wesen hüpft noch einen Satz näher auf mich zu und pickt einen Leckerbissen auf, den ich beim Kehren freigelegt habe.

4. Es ist viel zu mild für diese Jahreszeit und der Rasen im Innenhof schon wieder so lang, dass ich noch einmal mähen muss, damit das hohe Gras nicht im Winter fault. Als ich den Rasenschnitt als Mulch im Rosengarten ausbreite, ist mein Rotkehlchen wieder da und beguckt mich von einem nahen Rosenast aus. Gut, dass niemand zuhört, wie ich mich mit ihm unterhalte.

6. Alle Rosen sind für den Winter versorgt. Das ist ein gutes Gefühl. Heute gehe ich nur in meinem Garten spazieren. Vor der Mauer im hinteren Toskanagarten finde ich zwischen den Taglilien eine seltsame Kugel aus trockenem Laub und welken Taglilienblättern. Als ich sie aufheben will, steche ich mich: Ein Igel hat sich hier warm eingerollt zum Winterschlaf gebettet. Vielleicht sogar derselbe, der sich an meinen Mirabellen rund und satt gefressen hat – hoffentlich habe ich ihn nicht gestört.

7. Der Igel ist fort! Vielleicht hat er den Weg zum „Igelhaufen" gefunden. Dort, in der hinteren linken Ecke des Grundstücks, häufen wir abgeschnittene Äste auf, die seit Jahren liegen blieben dürfen. Darüber kommt Mähgut von der Wiese. Der Haufen soll Spitzmäusen, Kröten und verschiedenen Larvenstadien von Insekten und natürlich Igeln als Winterquartier dienen, unseren Verbündeten im Kampf gegen die Schnecken.

Alle Rosen sind für den Winter versorgt. Das ist ein gutes Gefühl.

10. In der Wiese hinter dem Teich pflanze ich noch einige Zwiebeln der Camassialilie, die sich als Präriepflanze dort auch im hohen Gras behauptet und Ende Mai mit stattlichen hohen Kerzen blüht. Als ich das Pflanzloch aushebe, erschrecke ich heftig. Fast hätte ich mit dem scharfen Spaten eine Erdkröte getroffen, die sich im Boden eingegraben hatte, um zu überwintern. Behutsam nehme ich sie in die

Hand. Sie ist unverletzt und fühlt sich starr und kalt an. Nur die leichten Augenbewegungen verraten, dass sie lebt. Ich lege sie ungeküsst in ihr Winterbett zurück und decke sie mit Blättern und Erde zu. Nur zaghaft grabe ich weitere Löcher.

11. **Draußen ist es feucht und kalt.** Gemütlich sitzen wir abends im Wintergarten und schauen in unseren erleuchteten Garten hinaus. Ein Strahler, unsichtbar im Hofbaum angebracht, lässt den Teich und die Bäume im Hintergrund aus der Dunkelheit wie auf eine Bühne hinaustreten. Die Buchspyramiden auf der Terrasse, die eisernen Gartenliegen, die großen Buchsbaumkugeln im Innenhof und der mächtige Hofbaum heben sich dunkel und geheimnisvoll vor der hellen Kulisse ab.

12. **Dort, wo das herabgefallene Laub stört,** wie z.B. auf dem Rasen im Innenhof und auf den Terrassen, kehre ich es mit dem Stahlbesen zusammen und bringe es in der Kompostecke auf einen gesonderten Laubhaufen. Mit speziellem Kompostbeschleuniger für Blätter bildet sich in ungefähr neun Monaten ein nicht sehr nahrhafter, aber um so humoserer Kompost. Er ist besonders geeignet, um die Struktur meines sandigen Bodens zu verbessern, damit dieser vor allem mehr Feuchtigkeit halten kann. Den Blattkompost benutze ich auch als Torfersatz, wenn ich Pflanzerde für Töpfe bereite, und gebe etwas davon in die Pflanzlöcher, wenn ich neue Rosen setzte.

13. **Unter den Buchen liegen große Mengen goldbrauner Blätter.** Auch sie harke ich heute zusammen. Das Buchenlaub verrottet sehr langsam und ist deshalb als Winterdecke besonders gut geeignet. Schnell habe ich die große Schubkarre gefüllt und fahre sie an die hintere Teichecke, um eine dicke Schutzschicht über die *Gunnera* zu breiten. Damit die Blätter nicht fortwehen, lege ich abgeschnittene Reiser darüber. Auch die empfindlichen Madonnenlilien, deren Zwiebeln dicht unter der Oberfläche gepflanzt werden, und die Fuchsia 'Gracilis' bekommen einen dicken Wintermantel aus Blättern.

14. **Wie in jedem Herbst konnte ich nicht widerstehen** und habe neue Rosen gekauft, vor allem für eine Wildrosenecke: Die Igelrose *Rosa roxburghii* mit den interessanten grünen, stachelbesetzten Hagebutten und die Stacheldrahtrose *Rosa sericea* ssp. *omeiensis* f. *pteracantha* mit dem feinen farnähnlichen Laub. Sie tarnt damit ihre gefährlichen keilförmigen Stacheln, die den Zweig entlanglaufen und im Gegenlicht rot glühen. In jedem Pflanzloch vermenge ich eine Hand voll Hornspäne und Blattkompost mit der Erde. Die frisch gepflanzten Rosen

Durchgang zwischen Remise und Scheune zum Toskanagarten.

werden dann ein Jahr lang nicht mehr gedüngt. An jede Rose stecke ich ein Armiereisen, an dem ich sie später festbinden kann. Es gibt ständig Eisen ab, das die Rosen zum gesunden Wachstum benötigen.
Jede neue Rose bekommt außerdem ein Schild mit ihrem Namen. Die Schilder sind aus Aluminium und werden mit Bleistift beschriftet, denn das Graphit verbindet sich witterungsbeständig mit der Unterlage. Schöner noch sind allerdings die Tontäfelchen, die Dirk getöpfert hat, weil sie nicht so blinken.

17. Ich habe es noch nie zuvor versucht, aber heute schneide ich von den Kletterrosen 'Gloire de Dijon', 'Leander' und 'Sombreuil' Steckhölzer. Von einem verholzten, etwa bleistiftdicken Trieb entferne ich die Blätter und schneide ihn in ca. 20 Zentimeter lange Stücke. Sie werden so tief in die Erde gesteckt, bis nur noch das obere Auge herausschaut. Mit etwas Glück treibt daraus im Frühjahr eine neue Kletterrose. Die Ranken des Trauerrosenstamms am Brunnen sind so lang, dass sie auf dem Boden liegen. Einige bedecke ich mit Erde, nachdem ich die Rinde des Stücks, das unter die Erde kommt, leicht eingeritzt habe. An diesen Absenkern bilden sich Wurzeln, und wenn eine neue Rose treibt, kann sie von der Mutterpflanze abgenabelt werden.

18. Heute an seinem Geburtstag erfreut Herward uns wie jedes Jahr mit der für diesen Tag geltenden Bauernregel: „Wenn der Hund das Gras benagt/ und die Frau ob Flöhen klagt,/ der Rauch will nicht zum Schornstein raus,/ kommt bald Regen übers Haus." Das mit dem Hund können wir nicht überprüfen – wir haben keinen. Der Kamin zieht gut. Mich hat kein Floh gebissen. Es regnet trotzdem.

20. Noch stehen die trockenen Samenstände der Weberkarden hoch auf der Wiese. Ich pflücke einige zusammen mit den Samenständen der *Clematis viticella* für einen Trockenblumenstrauß. Die mit vielen starren, dornigen Deckblättchen besetzten Samenköpfe wurden früher in Geräte eingesetzt, mit denen Weber Tuche aufrauten. Im Sommer öffnen sich die violetten Blüten zuerst auf der halben Höhe des Köpfchens, dann folgen die darüber und darunter liegenden, sodass zwei Blütenringe zur Basis bzw. zur Spitze des Köpfchens wandern. Interessant sind auch die ständig mit Wasser gefüllten „Badewannen", die von dem den Stiel umfassenden Blattgrund gebildet werden. So verhindert die Karde, dass Raupen an ihr hochklettern. Möglicherweise ist dies eine Vorstufe fleischfressender Pflanzen – man vermutet, dass die Karde die Zersetzungsprodukte der in der Wanne ertrunkenen Kleintiere verwertet.

23. Nach den ersten leichten Nachtfrösten ist das Laub der dunkelroten Ponpondahlie am Rand des Gemüsegärtchens verwelkt. Vorsichtig hebe ich die Knollen mit einer Grabschaufel heraus und lege sie nebeneinander in eine Holzkiste, wo sie trocken und kühl den Winter überdauern, um im nächsten Mai wieder in die Erde zu kommen.

24. Reif hat die voll erblühte Rose in der Nacht mit Kristallen überzogen. Sie senkt den Kopf und ihr leuchtendes Rot scheint unter der kalten weißen Kruste zu glühen. Voriges Jahr hat eine Blüte dieser dankbaren Kletterrose namens 'Altissimo' sogar das Krippchen geschmückt.

26. Nach dem Frost kann ich auch die Mispeln ernten. Jetzt ist ihr Fruchtfleisch braun getönt und weich. Ich pflücke die dekorativen Früchte, die ein wenig an kleine Birnen erinnern. Um die fünfgeteilte Kuhle an der Spitze steht eine Krone trockener Kelchblätter. Wenn die Mispeln nach längerem Lagern teigig geworden sind, schmecken sie angenehm säuerlich. Sie werden in der Eifel auch zerkleinert und getrocknet als darmregulierender Tee verwendet. Auch die Schlehen in der Hecke können jetzt geerntet werden, wobei ich die meisten aber den Vögeln überlasse.

27. In unserem Wohnzimmer liegt ein römischer Mühlstein aus Eifeler Basaltlava. Als wir den Kotten übernahmen, fanden wir ihn als Trittstein vor dem Eingang des Schweinekobens – selten dürften Schweine vornehmer über die Schwelle ihres Stalls getreten sein! Unser kleiner Hof liegt auf historischem Grund. Manchmal finden wir beim Graben noch Scherben römischen Tafelgeschirrs, der „Terra sigillata".

28. Ich freue mich, wenn ein männliches Mitglied der Familie zum Freischneider greift, um auch die restliche Wiese zu mähen. Das Mähgut liegt dann fein säuberlich in langen Reihen, die wir möglichst zusammenharken und auf den Igelhaufen bringen, damit die empfindlicheren Pflanzen nicht unter den verrottenden Heu ersticken. Um den Freischneider mache ich einen großen Bogen. Dafür bin ich umso stolzer, das ich mit der Sense umgehen und sie sogar dengeln kann. Eine Heidesense mit kurzer Sichel verwende ich das ganze Jahr über, um in der Wildblumenwiese die Stellen abzumähen, an denen Brombeeren und Brennnesseln überhand nehmen.

Rechts und folgende Seiten:
Das Gartenjahr neigt sich dem Ende zu.

Dezember

2. **Was wäre die Vorweihnachtszeit** ohne liebevolle Dekorationen? Für einen Begrüßungskranz an der Haustür winde ich die Zweige des Sibirischen Hartriegels ineinander. Dazwischen stecke ich Stechpalmenzweige mit roten Beeren fest, aber nur so viele, dass man die roten Zweige des Hartriegels noch leuchten sieht.

4. **Heute ist Barbaratag,** an dem es Brauch ist, Kirschzweige zu schneiden, die dann bis Weihnachten in der Vase aufblühen. Das geht besser, wenn man die Zweige einen Tag lang in handwarmes Wasser legt, bevor sie in die Vase kommen. Alle Zweige, die jetzt schon Blütenknospen tragen, kann man so zum vorzeitigen Blühen bringen, wie Hasel, Forsythie und Zaubernuss.

6. **Durch das kahle Geäst der Bäume** sieht man bis zu den immergrünen Stechpalmen mit ihren leuchtend roten Beeren am Ende des Grundstücks – im Sommer treten sie kaum in Erscheinung. Mit den Jahren wird sich dort ein regelrechter Ilexwald entwickeln, so viele Stechpalmen verschiedener Art stehen dort: myrtenblättrige, fast stachellose und solche mit bösen Stacheln. Nach dem Pflanzen waren meine Arme von den vielen Einstichen mit roten Punkten übersät.

7. **Seit einigen Tagen sucht meine graue Katze** immer dieselbe Kastanie auf, schaut an ihr hoch und verweilt lauernd. Aufmerksam geworden, entdecke ich eine Höhlung im Stamm und stelle eine Leiter an. In der dunklen Öffnung kann ich nichts erkennen; als ich jedoch an das Holz klopfe, erschreckt mich ein Fauchen. Vermutlich habe ich einen Siebenschläfer dabei gestört, es sich für den Winter gemütlich zu machen.

9. **In der Nacht hat es mächtig gestürmt.** Ein großer Esskastanienast ist herabgebrochen und liegt quer auf der Allee. Herward zersägt ihn und wir stapeln das Holz unter der Remise, wo sich schon ein Vorrat angesammelt hat. Nichts ist gemütlicher, als jetzt an den langen dunklen Abenden am Kaminfeuer zu sitzen. Ab und zu stochern wir das Holz zurecht und ein Funkenregen zieht durch den Kamin ab. Wir stecken Tannenzweige in das Feuer und schnuppern den Harzduft. Ein Harzgang platzt explosionsartig auf und eine bläuliche Flamme züngelt empor. Wir rösten Kastanien in einer großen Pfanne; damit sie sich leichter schälen lassen, habe ich sie kreuzförmig eingeritzt.

10. **Als ich die Tageszeitung aufschlage,** gilt mein erster Blick der Wettervorhersage. Ich hatte es im Gefühl – heute Nacht ist Frost angesagt. Also kontrolliere ich, ob der Wind die Schutzdecke von Lilien, *Gunnera*, Fuchsien und mauretanischer Winde in den Schalen nicht fortgeblasen hat. Ich lege einfach alte Handtücher, die ich über Tag schnell entfernen kann, über die frühen Christrosen, die schon Knospen angesetzt haben. Vielleicht öffnen sie ihre zarten, weißen Blüten ja pünktlich zu Weihnachten.

11. **Friedlich nebeneinander** stehen meine graue Katze und zwei goldene Zwerghennen auf dem Rand des mit Regenwasser gefüllten Steintrogs, auf dem eine kleine tauende Eisscholle schwimmt. Hier scheint es ihnen besser zu munden als an ihren Fressnäpfen. Ich beobachte ihre unterschiedlichen Trinktechniken. Während die Katze das Wasser mit ihrer rosa Zunge löffelt, werfen die Hennen den Kopf nach hinten, um es bei geöffnetem Schnabel in den Rachen gleiten zu lassen – eine abwechslungsreiche Choreographie. Ich muss schmunzelnd daran denken, wie Küken bei ihren ersten Trinkversuchen schon mal rückwärts auf den Bürzel kippten.

12. **Unter der Remise stehen die Gartengeräte** in Reih und Glied, darunter viele alte, die wir vorfanden, wie z.B. eine Grabschaufel, deren Zinken bis auf eine Handbreit abgenutzt sind. Sie ist mein liebstes Gerät, wenn es darum geht, den Boden am die Stauden herum aufzulockern. Auch der so genannte „Sauzahn“ mit schon stark abgenutzten gebogenen Zinken ist eines meiner Lieblingsgeräte zum Grubbern. Die alte Sackkarre, ganz aus Eisen und Holz gefertigt und mit eisenbeschlagenen Rädern, sieht nicht nur urig aus. Mit ihr lassen sich auch noch die

schwersten Töpfe transportieren, die bei einer modernen Sachkarre die Reifen platzen lassen würden.
Ich sehe, dass sich am Spaten der Griff gelockert hat. Jetzt ist Zeit, in Ruhe die Werkzeuge durchzusehen und, falls nötig, zu reparieren.

13. Keckernd jagen sich drei Eichhörnchen um die Esskastanien. Als ich näher komme, flüchten sie an den Stämmen hoch, lugen aber vorwitzig hinter ihnen hervor, als ob sie mich in ihr Spiel einbeziehen wollten. Sie sind es, die die Eichen und Nussbäume „pflanzen", die aus dem vergessenen Wintervorrat sprießen. Manchmal stehen diese Bäume so, wie man es nicht besser hätte planen können. Zwei am Weg einander gegenüber stehende Eichen und zwei bereits hoch gewachsene Nussbäume, die auf diese Weise entstanden sind, haben wir gern als Geschenke angenommen und stehen lassen.

14. Der kräftige Grundtrieb der *Rosa moyesii* ist mit gefährlichen Stacheln besetzt. Nahe am Boden sind sie fein und dicht beieinander, um dann nach oben hin immer größer und in weiteren Abständen den Stamm zu bewehren. Ich denke mir, dass die kleinen am Boden vielleicht nagende Mäuse abhalten sollen, dann die mittelgroßen die Kaninchen, die ganz großen die Rehe und die höchsten und gemeinsten die Gärtner.

15. Die Myrten überwintern, aber der Atriumcharakter des Innenhofes bleibt selbst jetzt im Winter durch die spiralig oder als Pyramide geschnittenen Buchsbäume erhalten. Sie stehen das ganze Jahr draußen in Töpfen aus Impruneta-Terrakotta. Der gebrannte Ton aus Impruneta kann wegen der stark eisen- und kupferhaltigen Zusammensetzung nur 6% Wasser aufnehmen und ist deshalb bis minus 35 Grad C frostfest. Schaden nehmen die kostbaren Töpfe nur durch Aufsetzen beim Transport, wobei sie leicht platzen oder Haarrisse bekommen, die sich schnell verbreitern. Am besten lässt man sie an Ort und Stelle stehen.

16. Bis auf einige rote Farbtupfer der Ilexbeeren, der Zieräpfelchen und Hagebutten und der Zweige des sibirischen Hartriegels wirkt der Garten fast wie auf einem Schwarzweißfoto. Während Farbsymphonien im Sommer das Bild bestimmen, treten jetzt subtilere Dinge in der Vordergrund: die grauen, samtig behaarten Blütenknospen am Magnolienbaum, die spitzen Winterknospen des großfruchtigen Pfaffenhütchens, die Rindenstrukturen der Bäume, ihr filigran verästelter Kronenaufbau und die Esskastanienschalen am Boden, die der Reif silbrig überhaucht hat.

17. Über Nacht sind einige wenige Schneeflocken gefallen. Die lebensgroße Venus mit dem Apfel trägt ein Häubchen auf dem Kopf. Es war schon ein Ereignis, als sie aus Italien bei uns ankam. Wir begrüßten sie mit allerlei Schabernack, setzten ihr Hüte auf und banden ihr eine Schürze um. Sie ließ alles geduldig über sich ergehen, selbst als ich sie mit einer Mischung aus Kuhdung, Erde und Wasser bestrich, damit sie nicht mehr so schneeweiß aussah. Inzwi-

schen hat sie Patina bekommen und ist ein Bestandteil des Gartens geworden, der Blickpunkt am Ende der Allee, umwachsen von Efeu und einer weiß-grünen Rose namens 'Elfe'.

18. Die Hürden leeren sich langsam und oft durchzieht Bratapfelduft das Haus. Ich kontrolliere wieder, ob alle Früchte noch gut sind. Die schadhaften enden als Apfelmus. Einige lege ich unter den Hofbaum und kann Amseln beobachten, die sich mit heftigen Schnabelhieben begierig an ihnen zu schaffen machen.

20. Der Garten liegt in Winterruhe. Dafür ist im Haus umso mehr zu tun. Weihnachten muss vorbereitet werden und alle Kinder wollen kommen. Manches ist liegen geblieben, vor allem müssen die Fotos des vergangenen Gartenjahres geordnet werden.
In Mußestunden gehe ich gern fotografierend durch meinen Garten, um all das Schöne um mich herum festzuhalten. Und mit den Fotos, die ich an diesem Wintertag betrachte, erinnere ich mich nicht nur an das Aussehen des Gartens im Sommer, sondern auch an die Düfte, das Streicheln des warmen Windes. Waren die Rosen wirklich so üppig? Der Mohn so seidig? Erstaunt stelle ich fest, wie schnell sich der Garten im Laufe der Jahre verändert hat, wie klein die Buchsbaumkugeln oder die Myrtenbäume einmal waren. Nicht alles ist durch das Wachstum besser geworden. So beschatten die Rotbuchen an der Remise den Kräutergarten inzwischen zu stark. Wir hatten sie schon sehr groß als Windschutz gepflanzt. Ich nehme mir vor, sie demnächst aufzuasten.

21. Gerne tausche ich Erfahrungen mit anderen Gärtnern aus. Heute waren wir in einem Garten, der mich selbst jetzt im Winter begeistert hat: von einem bekannten Fachmann angelegt, mit raffinierter Aufteilung und gekonnten Pflanzenkombinationen. Unwillkürlich fange ich an zu vergleichen. Sollte auch ich mehr seltene Pflanzen und Gehölze setzen? Sollte mein Garten vielleicht ordentlicher sein? Einiges notiere ich mir in Gedanken. Wieder zu Hause angekommen, umfängt mich mein vertrauter Garten. Er ist mir nicht nur ans Herz gewachsen, er hält es sachte, aber ganz fest mit seinen Ranken umschlungen – ich würde ihn gegen keinen anderen Garten der Welt eintauschen.

25. Gut abgepasst! Ich schreibe die letzte Eintragung auf die letzte Seite meines Tagebuches. Hannah hat mir ein neues geschenkt, selbst gebunden und mit handgeschöpften Blättern zwischen wildlederbezogenen Deckeln. Fast zu schade, um darin zu schreiben, vor allem mit Erdhänden …

Mein GartenJahr

Tipps und Tricks

Keine der hier aufgeführten Tätigkeiten ist zwingend vorgeschrieben, denn in einem Privatgarten sollte nicht das Leistungsprinzip gelten, sondern die Freude an der Aktivität und der Stolz auf das blühende Paradies, das man geschaffen hat.
Übrigens: (Fast) schöne Hände trotz Gartenarbeit behält man, wenn man sie gut eincremt und unter den Gartenhandschuhen zusätzlich dünne Baumwollhandschuhe trägt.

zen, z.B.: Christrose, Enzian, Eisenhut, Frauenmantel, Phlox, Rosen, Schwertlilie, Tränendes Herz, Trollblume, Wasserdost

- Wintergrüne Pflanzen wie Rhododendren bei trockenem frostfreiem Wetter gießen
- Bei Schnee Vogelfutter ausstreuen (**Vögel** fressen im Sommer die Schadinsekten!), am besten zwischen dornige Sträucher (halten Katzen fern)
- Vogelkästen anbringen (mit Einflugloch nach Süden, Südosten oder

Meine Arbeiten im GartenJahr

Januar

- **Für das neue Gartenjahr** Samen und Pflanzen, Dahlien- und Begonienknollen bestellen
- Töpfe, Anzuchterde und Etiketten kaufen
- Keimfähigkeit von noch vorhandenem Saatgut zwischen feuchtem Küchenkrepp auf feuchtem Sand überprüfen
- **Kompost** umsetzen (raumsparende Kompostsilos eignen sich für kleine Gärten)
- Komposterde auf Beeten ausbreiten
- Asche aus dem Kamin um die **Rosen** streuen (enthält viel Kalk und Phosphor)
- Letzte Blumenzwiebeln der Frühjahrsblüher setzen
- **Winterschnitt** an Liguster-, Hainbuchen- und Weißdornhecken
- Knöterich stark zurückschneiden, ebenso Kiwis
- Wege, Terrassen und gemähte Flächen mit Eisenharke von Laub befreien, bevor es verrottet und verklebt

- **Kaltkeimer** in Töpfe mit Anzuchterde säen, im Warmen vorquellen lassen, dann die Töpfe nach draußen setzen und mit Gittern vor Vogelfraß schützen, z.B.: ...

Osten), vorhandene Kästen reinigen

- **Pflanzen im Haus** werden jetzt nicht gedüngt oder umgepflanzt und nur mäßig gegossen
- Im Kühlschrank vorbereitete Hyazinthen in Hyazinthengläser setzen (nach der Blüte im Garten auspflanzen)

- Auf feuchter Watte Gartenkresse auf der Fensterbank ziehen
- Amarylliszwiebeln bis zur Hälfte in die Erde setzen und nur ansprühen; erst gießen, wenn sich die Blütentriebe zeigen

Februar

- **Im Garten** nassen, zu schweren Schnee von Buchsbäumen und Rhododendren schütteln
- Fraßschutz an jungen Bäumen anbringen
- Jetzt nur **Blütensträucher zurückschneiden**, die an neugebildeten Trieben am schönsten blühen, z.B.: Eibisch, Johanniskräuter, Perückenstrauch, Rispenhortensie, Säckelblume, Schmetterlingsflieder und Spierstrauch
- Bei leichter Schneedecke ca. 150 g pro m^2 kohlensauren Kalk auf dem **Rasen** ausstreuen (er gelangt beim Tauen in den Boden), damit der Boden nicht sauer wird und Moos entsteht
- Rosen, Ziersträucher und laubabwerfende Bäume können gepflanzt werden
- Abgestorbene Pflanzenteile am Teichrand entfernen, damit niedrigere, empfindlichere Pflanzen im Frühjahr austreiben können
- **Im Treibhaus** überwinternde Geranien und Fuchsien zurückschneiden und umtopfen, überwinternde Myrten, Oleander und Engelstrompeten regelmäßig gießen
- Kopfsalat und Kohlrabi pflanzen, dazwischen Radieschen säen
- Knollen der Gloxinie in Töpfen auspflanzen, sie blühen nach 3 bis 4 Monaten
- Zimmerpflanzen umtopfen
- **Ende Februar bis in den März hinein die Rosen schneiden:** bei Wildrosen und einmal blühenden Strauchrosen, die am vorjährigen Holz blühen, nur altes, totes, beschädigtes Holz, zurückgefrorene Triebspitzen, nach innen wachsende und schwache sowie Wildtriebe entfernen
- Bei öfter blühenden Strauchrosen außerdem die Triebe auf $^2/_3$ der Länge einkürzen
- Öfter blühende Beet- und Edelrosen auf 3 bis 5 Augen zurückschneiden (immer über einem nach außen zeigenden Auge schneiden, um eine schönere Verzweigung zu erreichen)
- Bei Rosenhochstämmen Hauptzweige auf 5 bis 6 Augen einkürzen, um eine dichte Krone zu erzeugen
- Trauerrosenstämme nur auslichten und eventuell zu lange Triebe einkürzen

- An allen Rosenstämmen Stockaustriebe entfernen
- Kletterrosen ebenso danach unterscheiden, ob sie am jungen oder vorjährigen Holz blühen, also einmal blühende Rambler-Schlingrosen nicht zurückschneiden (sie blühen am vorjährigen Holz)
- An öfter blühenden Kletterrosen lange kräftige Triebe lassen
- Seitliche Kurztriebe auf 3 Augen zurückschneiden (bilden die blütentragenden Zweige)
- Um die Füße der Rosen ca. 1 Essl. Magnesium streuen

März

- **Pflanzgefäße** mit gegen Frost unempfindlichen Frühjahrsblühern bepflanzen, z.B. Stiefmütterchen, Hornveilchen, Primeln, Tausendschönchen, Vergissmeinnicht
- Wurzelfilz bei Topfware auflockern und einige Stunden wässern
- **Vorsaat** von Einjahresblumen (sie entwickeln sich dann besser und früher): mehrere Samen in Anzuchterde in einzelne Töpfe säen, nur mit feiner Brause gießen, hell, feucht und warm stellen, bis zum Keimen mit Glas oder Folie abdecken, nach dem Keimen nach 3 bis 4 Wochen pikieren, z.B.: Bunte Wolfsmilch, Einjahrs-Phlox, Einjahrs-Sonnenhut, Eisenkraut, Gauklerblume, Gazanie, Glockenrebe, Levkoje, Löwenmäulchen, Prunkwinde, Sommeraster, Sonnenflügel, Spinnenpflanze, Stroh- und Studentenblume
- Vorsaat von Tomaten fürs Treibhaus
- Pflanzkartoffeln in einer Kiste einlagig vortreiben lassen
- Begonien- und Dahlienknollen und Rhizome des Indischen Blumenrohrs in feuchtem Torf vortreiben lassen
- Winterschutz von den **Stauden** entfernen und Beete von altem Laub und Winterabfällen reinigen
- Vorsichtig den Boden hacken, Unkräuter entfernen, wenig organischen Dünger einarbeiten und mit einer ca. 2 cm dicken Schicht aus Blattkompost zur Humusanreicherung bedecken
- Vorhandene Stauden teilen und darauf achten, dass alle Unkrautrhizome, z.B. von Quecke, Giersch und Winde, entfernt werden
- Nicht oder nur ganz selten geteilt werden Christrose, Diptam, Pfingstrose, Prachtspiere, Funkie, Kreuzkraut, Kugeldistel, Silberkerze, Schleierkraut, Stockrose, Taglilie, Tränendes Herz, Türkenmohn
- Fast alle Stauden können jetzt neu gesetzt werden, Faustregel: Der günstigste Zeitpunkt zum Pflanzen ist nach der Blüte
- Die im Vorjahr vorgezogenen **Zweijahresblumen** an Ort und Stelle setzen
- **Giersch** abmähen, wo er sich großflächig zeigt und an den gemähten Stellen Rasen einsäen, regelmäßig mähen, so verdrängt er den Giersch
- Boden lockern und alle ausdauernden **Kräuter** düngen
- Thymian, Lavendel und Salbei zurückschneiden
- Wurzel- und Schnittpetersilie, Kerbel, Dill, Borretsch und Bohnenkraut neu einsäen
- Knoblauchzehen stecken, Schnittlauch durch Teilen vermehren

- Im Gartenplan notieren, wo Lücken bei den jetzt blühenden **Zwiebelgewächsen** sind, damit man im Herbst gezielt nachpflanzen kann; zu dicht gewordene Zwiebelgewächse nach der Blüte auseinandersetzen
- Welke Blüten von Narzissen und Tulpen entfernen, bevor sie Samen bilden, Laub noch mindestens 6 Wochen stehen lassen, düngen
- **Im Gemüsegarten** werden Wirsing, Weißkohl und Lauch gepflanzt, Steckzwiebeln und Schalotten gesetzt
- Frühe Möhrensorten ins Freiland säen, Radieschensamen als Markiersaat in die Möhrensaatreihen drücken, da die Möhren erst nach 3 bis 4 Wochen aufgehen

- Ebenso Pflücksalat, Spinat, Gartenkresse und Zwiebeln jetzt ins Freiland säen

April

- **Zwiebeln und Knollen** von Sommerblühern setzen, z.B.: Anemone, Freesie, Glücksklee, Pfauenlilie, Ranunkel, Riesenhyazinthe, Tigerblume
- Vorgezogene **Sommerblumen** pikieren und tagsüber im Schatten nach draußen stellen
- Einjährige Sommerblüher können jetzt direkt an Ort und Stelle ausgesät werden (vorher die Beete gießen, nicht bei Hitze oder starkem Wind säen), z.B.: Adonisröschen, Einjahrs-Lupine, -Mohn, -Rittersporn und -Schleifenblume, Fuchsschwanz, Goldmohn, Jungfer im Grünen, Atlasblume, Kapuzinerkresse, Kornblume, Ringelblume, Sommerfuchsie, Sonnenblume, Trichtermalve, Trompetenzunge
- Vorgezogene Tomaten im Gewächshaus auspflanzen
- Gurken, Zucchinis, Kürbisse und Melonen vorziehen
- **Schnecken** absammeln, abends nicht mehr gießen (das lockt sie an), Pflanzen, die von ihnen verschmäht werden, sind: Dachwurz, Federmohn, Frauenmantel, Geißbart, Gelenkblume, Goldlack, Goldmohn, Goldnessel, Jungfer im Grünen, Männertreu, Nachtkerze, Nelke, Pfingstrose
- Von ausgeblühten Forsythien und Zierjohannisbeeren die dreijährigen Triebe heraus- und bei Clematis tote Ranken abschneiden

- **Rasen** nach dem Schnitt düngen (Dünger ins Gießwasser geben), jetzt auch neuen Rasen einsäen, am besten vor einem Regen
- Zweimal pro Woche mähen, dann kann das Schnittgut liegen bleiben (reichert den Boden mit Humusstoffen an), aber nicht bei neu angelegtem Rasen
- Unkraut zwischen Ziegeln oder

Bodenplatten mit Fugenmesser entfernen

- Mit **Pflanzenstärkungsmitteln** gießen, z.B. Jauche aus Brennnessel oder Beinwell in 1:10 Verdünnung auf den Boden, danach mit Wasser nachspülen (Kräuter grob zerkleinert in einen Eimer legen und mit Wasser auffüllen, gären lassen bis keine Blasen mehr aufsteigen, Steinmehl gegen Geruch zufügen, abseien)

- Vorgetriebene **Saatkartoffeln** pflanzen und anhäufeln (evtl. die Sprosse vor Frost schützen)
- Rhabarberstauden können jetzt geteilt werden
- Rotkohl-, Frühweißkraut-, Kohlrabi- und Salatpflanzen setzen (die Gemüsepflanzen sollten kurz und kompakt, die Wurzeln glatt und fest sein, Einkauf am besten in Gärtnereien, die die Pflanzen selbst anziehen)

Mai

- Jetzt üppig wachsende **Unkräuter** jäten, bevor sie in den Samen kommen
- Schachtelhalm jäten und nicht wegwerfen (er ist ein vorbeugendes Mittel gegen **Pilzkrankheiten** an Rosen, Mehltau, Sternrußtau, Rost), Schachtelhalm 1 Tag in Wasser stehen und dann 1 bis 2 Stunden köcheln lassen, nach dem Abkühlen abseien, an sonnigen Tagen Sud in 1:10 Verdünnung einmal pro Woche spritzen
- Blattläuse abstreifen oder mit scharfem Wasserstrahl abspritzen
- Eingerollte Rosenblätter sind von Larven der Rosenblattrollwespe befallen, abpflücken und verbrennen
- In der Hauptwachstumszeit dürfen die Pflanzen nicht trocken werden
- Das Gießen kann durch Mulchen reduziert werden (Rasenschnitt verwenden)
- In einer Regentonne Wasser sammeln, falls es zu sauer ist, etwas Kalkmehl zufügen
- Mit etwas eingerührtem Hühnermist und einem Pferdeapfel produziert man einen guten Flüssigdünger für Kübelpflanzen (einmal pro Woche bis August)
- Mitte Mai **Kübelpflanzen** aus dem Winterquartier ins Freie bringen (zuerst schattig stellen), düngen und, falls nötig, umtopfen und zurückschneiden, z.B.: die Triebe der Engelstrompete um ca. $^1/_3$ einkürzen, die abgeschnittenen Triebe gleich als Stecklinge einpflanzen, die Schnittstelle vorher in Bewurzelungshormon tauchen
- Alle langstieligen und hochwachsenden Stauden mit Staudenhaltern stützen
- Sommerbepflanzung von **Pflanzgefäßen**, z.B. mit vorgezogenen Kletterpflanzen wie Glockenrebe, Prunkwinde, rankender Kapuzinerkresse, Rankhilfen nicht vergessen
- Nach den Eisheiligen die vorgezogenen Begonien- und Dahlienknollen und Rhizome des Indischen Blumenrohrs in guten Boden auspflanzen (Kompost ins Pflanzloch und volle Sonne)
- Im Anzuchtbeet die **zweijährigen Pflanzen** aussäen, damit sie zeitig im nächsten Jahr blühen, z.B.: Bartnelke, Fingerhut, Goldlack, Islandmohn, Königskerze, Marienglockenblume, Nachtkerze, Stockrose, Vergissmeinnicht

- **Rhododendren und Azaleen** können auch jetzt in Blüte gepflanzt werden (generell von Mitte September bis Mitte Mai)
- Verblühte Blütenstände vorsichtig herausbrechen, sodass die unteren Blätter und Knospen nicht verletzt werden

- Am Flieder verblühte Blütenstände herausschneiden
- **Im Treibhaus** auf Kürbis veredelte Gurken pflanzen, auch Gemüsepaprika
- Tomaten hochbinden und Nebentriebe entfernen (ausgeizen), an Geiztrieben das unterste Blatt lassen, das erhöht Blattfläche und Ertrag, üppig, aber nur an den Füßen gießen (am besten einen Tontopf neben den Pflanzen einsetzen), für Luftfeuchtigkeit Plattenweg im Treibhaus mit gießen
- **Im Kräutergarten** Basilikum direkt ins Beet säen
- Vom Rhabarber nur $^1/_3$ der Blattstiele ernten (abdrehen, nicht schneiden), gut düngen, Ansätze von Blütenständen entfernen
- **Alle Gemüsesorten** jetzt direkt ins Freiland säen, Brech-, Busch-, Feuer- und Stangenbohnen legen, vor der Saat die Stangen aufstellen
- Über die Saatbeete schwarze Drähte spannen, um saatfressende Vögel abzuhalten
- Vorgezogene Kürbisse, Zucchinis, Melonen auspflanzen
- **Wasserpflanzen** einsetzen, die richtige Wassertiefe beachten
- Bei kleinen Teichen muss vor Binsen, Schilf und dem großen Rohrkolben gewarnt werden, sie wuchern schnell und säen sich aus
- Dicht auftretende Algen mit dem Netz abfischen

Juni

- Blühende **Rosen** nach Farbe und Duft in Containern aussuchen
- Nach dem Pflanzen gut und nur an

den Füßen gießen (das Benetzen des Laubes fördert Pilzerkrankungen)

- Von öfter blühenden Rosen den Trieb ca. 10 cm unter dem Verblühten abschneiden
- Nach der ersten Hauptblüte nochmals mit Rosendünger düngen (nicht die neu gepflanzten Rosen)
- An einmal blühenden Rosen Abgeblühtes lassen für den Hagebuttenschmuck im Herbst
- Blätter stark duftender Rosen trocknen für Potpourri oder als Beimengung für Tees
- **Kräuter** wie Lavendel, Rosmarin, Salbei und Thymian jetzt durch Stecklinge vermehren
- Nach einigen sonnigen und trockenen Tagen Bohnenkraut, Salbei, Oregano, Majoran ernten, bevor sich die Blütenknospen öffnen, luftig trocknen
- Auch Holunder-, Weißdorn- und Lindenblüten für Tee trocknen
- Für **Kräuter der Provence** mischt man Thymian, Bohnenkraut, Oregano, Rosmarin, Lavendel, Lorbeerblätter und fein geraspelte Orangenschale

- Gut tragende **Erdbeerpflanzen** markieren, um später von ihnen Ableger zu nehmen
- An abgeernteten Stellen **Gründüngung** einsäen, wie Bienenfreund, Senf und Klee, im Herbst untergraben (verbessern den Boden und blühen schön)
- Im **Treibhaus** Tomatenhaupttrieb abschneiden, wenn er die Raumhöhe erreicht hat
- Gurken lenken, Seitentriebe nach zwei Fruchtansätzen stutzen
- Gegen Schädlinge Brut von Nützlingen aussetzen
- Die **Wiese** zum ersten Mal mähen, vor allem, wo Brennnesseln überhand nehmen
- Alles Verblühte von **Stauden** abschneiden: Katzenminze, Kokardenblume, Lupine, Pfingstrose, Rittersporn und Trollblume blühen dann noch einmal im Herbst, Fingerhut, Stockrose und Königskerze leben länger
- Bei besonders schönen Exemplaren Samenstände stehen lassen, um selbst Samen zu ernten
- Alle **Hecken aus Laubgehölzen** schneiden
- Alle **Buchsbaumhecken** und Formschnittbuchsbaum schneiden
- Schnittgut als Stecklinge verwenden, die Triebe müssen am unteren Ende schon holzig sein, die unteren Blättchen abstreifen, in sandige Erde stecken, gut feucht halten
- Nach der Ernte werden Johannisbeer- und Stachelbeersträucher zurückgeschnitten
- Frühjahrblühende Sträucher, die bis zum Herbst die Blütenknospen für das nächste Jahr ansetzen, zurückschneiden: Pfeifen-, Spier- und Maiblumenstrauch, Schneeball, Kolkwitzie
- **Lilienhähnchen** frühmorgens absammeln, wenn sie noch steif sind (Hand darunter halten, sie lassen sich oft fallen), die Larven an der Unterseite der Lilien- und Fritellarienblätter entfernen

Juli

- **Stauden** werden im allgemeinen durch Teilung oder Stecklinge vermehrt, einige lassen sich jetzt auch gut in Töpfen mit Anzuchterde aussäen, wie z.B. Akelei, Kugeldistel, Lupine, Mädchenauge, Rittersporn
- Die Saat geht besser auf, wenn man den Samen kurz in lauwarmem Wasser einweicht, die Erde vor dem Säen gießt und das Ganze bis zum Keimen mit feucht gehaltenen Jutesäcken abdeckt
- **Knollen- und Zwiebelgewächse** für die Blüte im Herbst setzen, z.B.: Goldkrokus, Herbstblühender Krokus, Herbstzeitlose, Herbstblühende Cyclamen
- Vorgezogene **Zweijahresblumen** in Torftöpfchen auspflanzen, sodass sie ohne Pflanzschock im Herbst oder Frühjahr gesetzt werden können, schattig stellen, regelmäßig gießen
- Laubabwerfende Blütensträucher durch **Stecklinge** vermehren, z.B. Clematis, Forsythie, Geißblatt, Hortensie, Magnolie, Rhododendron, Schmetterlingsflieder. Gut feucht halten, evtl. vor dem Pflanzen mit der Schnittfläche in Bewurzelungspulver tauchen, dann sind sie bis zum Herbst bewurzelt
- Durch Gießen mit Kalialaun entwickeln rosa blühende Hortensien blaue Blüten

- Die Triebe der Glyzinie einkürzen für besseren Blütenansatz im Folgejahr
- Kirschlorbeerhecke schneiden
- Stark tragende Äste an Obstbäumen abstützen
- Ab Ende Juli die **Rosen** nicht mehr düngen
- Auf der Unterlage von Wildrosen Augen von Edelrosen einsetzen (okulieren)
- Für das Anhäufeln der Rosen im Winter beim Landwirt nach Mist fragen, Mist halbschattig mit Schichten Komposterde dazwischen und mit Kompostschicht bedeckt lagern, bei Trockenheit gießen
- Hühnermist ist sehr konzentriert, mit Komposterde und Rindenmulch bis zum nächsten Jahr ablagern
- **Im Kräutergarten** Schnittlauch vor der Knospenbildung abschneiden
- Basilikum zu Beginn der Blüte, Ysop während der Blüte ernten, Minze vor der Blüte schneiden, Johanniskraut- und Schafgarbenblüten für Tee trocknen
- Essbar sind die Blüten von Basilikum, Borretsch, Gänseblümchen, Kapuzinerkresse, Nachtkerze, Lavendel, Ringelblume, Rose, Rotklee, Oregano
- Aus essbaren Blüten und Kräutern kann man Essige, Öle und Schnäpse herstellen: für Kräuteröl oder -essig

1 Liter mit $^1/_2$ Tasse zerkleinerter Kräuter oder Blüten ansetzen, 3–6 Wochen in die Sonne stellen, für Schnaps 3–4 Essl. zerkleinerte Kräuter und 80 g Kandiszucker mit 32%igem Korn übergießen, 2 Monate ziehen lassen

- Unschön gewordenen **Rasen** ausbessern, zuerst mähen, dann vertikulieren, düngen und schnell keimenden Grassamen dazwischen einsäen, festtreten mit Brettern unter den Schuhen, regelmäßig gießen
- Man kann auch Duftrasen aussäen, dafür vorhandenen Rasen ausstechen, Sand unter die Erde mischen und Kriechenden Thymian, Römische Kamille und Poleiminze aussäen
- Für die Herbsternte im **Gemüsegarten** können noch späte Spinatsorten, Eissalat, Feldsalat, Chinakohl und frühe Salat- und Möhrensorten und Rote Beete (Samen am besten über Nacht in feuchtem Sand quellen lassen) gesät werden
- An abgeernteten Stellen Rot-, Grün- und Spätblumenkohl und Winterendivien pflanzen, bei allen Folgekulturen Boden mit Kompost verbessern
- Abgeerntete Buschbohnen über dem Boden abschneiden, Wurzeln mit Knöllchen im Boden lassen
- Frühkartoffeln lassen sich noch nicht lagern
- Erdbeerableger von den gekennzeichneten Pflanzen abtrennen und auspflanzen, es gibt neue „pflegeleichte" Sorten, die nicht „abgerankt" werden müssen

August

- **Gießen – wässern – sprengen**, am besten frühmorgens, vor allem Kübelpflanzen, Rasen, Gewächshaus (hat der Wasserschlauch in der Sonne gelegen, das erste heiße Wasser ablaufen lassen)
- **Blumen zum Trocknen** schneiden und kopfüber luftig aufhängen, dazu eignen sich besonders Lampionpflanze, Lavendel, Rittersporn, Schafgarbe, Schleierkraut, Sonnenflügel, Strandflieder, Strohblume
- Früh blühende **Stauden** pflanzen, z.B. Adonisröschen, Bergenie, Hornveilchen, Leberblümchen, Primel
- Pfingstrosen sollten lange ungestört stehen, müssen sie dennoch geteilt oder verpflanzt werden, dann jetzt
- Samen ernten, nach einigen trockenen Tagen in beschrifteten Filmdöschen lagern
- Frühjahrsblühende Knollen und Zwiebeln bestellen
- Jetzt schon gesetzt werden können: **Zwiebeln und Knollen** von Blaustern, Blumenlauch, Märzbecher, Präriekerze, Schachbrettblume, Schneeglöckchen, Zwiebeliris, die Wurzeln der Steppenkerze 20 cm tief auf einer Drainage aus Sand setzen

- Dahlien blühen reichlicher, wenn man das Verblühte herausschneidet
- Geraniensteckling für das nächste Jahr pflanzen
- Gegen **Stengelälchen**, die vor allem Phlox, Begonien, Dahlien und Löwenmaul befallen, helfen Studentenblumen, an den betroffenen Stellen gepflanzt (im Herbst untergraben)
- Hecken aus immergrünen Gehölzen (Eibe, Lebensbaum oder Scheinzypresse) schneiden
- Nach Himbeer- und Brombeerernte das abgeerntete Holz herausschneiden und die neuen Triebe an Stützen festbinden
- **Im Gemüsegarten** Laub der abgeernteten Kartoffeln und Tomaten verbrennen (Krautfäule), ebenso Kohlrabi- und Kohlstrünke (Kohlhernie)

- Die Triebe von Kürbissen zwei Blätter über dem letzten Fruchtansatz abschneiden, auch an den Tomaten die Haupttriebe über den Fruchtansätzen einkürzen (neue Fruchtansätze reifen nicht mehr aus)
- Die Knospen und grünen Samen der Kapuzinerkresse kann man wie Kapern einlegen, die Blätter der Duftpelargonie sind ein entspannender Badezusatz
- Lavendel nach der Blüte schneiden (aber jetzt nicht bis ins Holz)
- Ernten der Nebenwurzeln von Baldrian (Schlafstörungen), Beinwell (Prellungen), Löwenzahn (Appetitlosigkeit): längs durchschneiden, aufhängen, trocknen
- Für **Ringelblumensalbe** Eucerin und Ringelblumenblüten zu gleichen Teilen ca. 3 Stunden lang bei 70° C köcheln lassen, in Salbentöpfe abseien (gut für Gartenhände)

September

- Das welkende Laub der **Stauden** stehen lassen, es ist ein guter Frostschutz, die Samenstände ebenfalls lassen, da sie mit Raureif schön aussehen und Winterquartier für Nützlinge und Vögel sind, die hier noch Samen zum Picken finden können
- Stellen mit verblühten einjährigen Sommerblumen abräumen, an ihrer Stelle einen Teil der vorgezogenen zweijährigen Sommerblumen auspflanzen, den Rest für Frühjahrspflanzung aufbewahren, wenn im Winter Lücken entstanden sind
- Abgeräumte **Gemüsebeete** mit abgelagertem Mist bedecken und grobschollig umgraben (Durchfrieren der Schollen ist gut für die Bodenstruktur)
- Abgeerntete Gemüse einfrieren oder in einer Miete im Garten oder in Kisten mit feuchtem Sand kühl lagern
- Frühsorten von Radieschen und Möhren im Frühbeet aussäen (können bis Winter geerntet werden)
- Winterspinat ins Freiland säen, Sellerie kann in milden Wintern im Freien bleiben
- Schnittlauch ausgraben, teilen und in Töpfe pflanzen, diese im Boden versenken, im November ins Haus holen und mit warmem Wasser tränken, auf der Küchenfensterbank liefern die Töpfe den ganzen Winter über frisches Schnittlauch
- Rosmarin in Töpfe pflanzen und im Haus an einen kühlen, hellen Ort stellen (neue Rosmarinsorten sind nach dem 3. Jahr winterfest, wenn sie verholzt sind)
- In einer Wildecke **Gehölze** pflanzen, deren Früchte von Vögeln geliebt werden und aus denen man Saft, Soßen, Gelee und Mus herstellen kann, z.B.: Cornelkirsche, Holunder,

Sand- und Weißdorn, Schlehe, Vogelbeere

- Zum letzten Mal kann **Rasen** eingesät oder durch „Topdressing“ verschönert werden: Ziergartenkompost auf frisch gemähten Rasen säen und mit Reisigbesen gleichmäßig verteilen (geht mehrmals im Jahr, Geheimrezept für den berühmten englischen Rasen!)
- Ab jetzt bis spätestens Januar **Blumenzwiebeln** für die Frühjahrsblüher setzen (je früher gesetzt, umso früher blühen sie)
- Mäuse fressen gern die Zwiebeln von Tulpen und Hyazinthen, daher zu mehreren in feinem Drahtgitter oder Töpfen in der Erde versenken
- Bei Tulpen jährlich (außer Wildtulpen-Sorten) den Standort wechseln, sonst tritt die sog. Tulpen-Bodenkrankheit auf (Missbildungen und Welke)
- Selbst im Halbschatten und unter Bäumen und Sträuchern gedeihen und säen sich selbst aus (Abgeblühtes also nicht entfernen): Dolden-Milchstern, Freiland-Alpenveilchen, Goldlauch, Hundszahnlilie, Märzbecher, Schachbrettblume, Schneeglöckchen, Scilla-Arten, Traubenhyazinthe, Winterling

- **Blumenkästen und Schalen** für den Winter bepflanzen, z.B. mit buntlaubigen Salbeisorten, Cyclamen, Gräsern, Gaultheria-Sorten, Winter- und Besenheide, Strauchveronika, Silberblatt, Zierkohl
- Die neugebildeten langen Triebe der Ramblerrosen um die Klettergestelle winden und festbinden, letzte abgeblühte Rosen stehen lassen für Hagebuttenschmuck
- **Samen** gut tragender Tomaten in ein Glas mit Wasser ausdrücken, dort lassen, bis sie anfangen zu gären, dann Wasser abgießen, Samen auf Küchenkrepp ausstreichen und trocknen lassen, dann Krepp falten, beschriften und kühl und trocken verwahren
- Lagerflächen für **Äpfel** vor der **Ernte**

mit verdünnter Essigsäure abwischen (gegen Schimmelpilze), Äpfel lassen sich nur lagern, wenn sie „baumreif“ sind, d.h. sie bleiben in der Hand, wenn man sie am Ast leicht dreht

- Überschüssiges Obst zur Mosterei bringen
- Zieräpfel sind auch essbar, einige Äpfelchen lassen Marmelade gut gelieren (hoher Pektingehalt, Kerne entfernen, enthalten viel Blausäure!)
- Für **Hagebuttenmus** Früchte in Wasser kochen, einen säuerlichen Apfel hinzugeben, durch ein Sieb streichen, zu Marmelade einkochen

Oktober

- Jetzt ist **Pflanzzeit** für Obstgehölze, Bäume und Hecken (auf Gesundheit der Pflanzen achten wegen gefährlicher Pilzkrankheiten)
- Pflanzloch etwa doppelt so groß wie den Wurzelballen graben, Ballentuch kommt oben aufgeknotet mit hinein, ausgehobene Erde mit reifem Kompost mischen, Pflanzloch damit auffüllen, Gießrand formen und reichlich wässern
- Größere Bäume und Sträucher an einem Pfahl festbinden, Wurzelbereich mit Mulch vor dem Austrocknen schützen
- Zweige mit **buntem Herbstlaub** konserviert man, indem man sie ca. 10 cm tief in eine Mischung aus $^1/_3$ Glycerin und $^2/_3$ kochendem Wasser stellt, besonders schöne Herbstfärbung haben: Amberbaum, viele Ahornarten (z.B. Amerikanischer weinblättriger Ahorn, Eisenhutblättriger Ahorn, Grauer Schlangenahorn

und Nikko-Ahorn), Amerikanischer Perückenstrauch, Chinesischer Tulpenbaum, Gelbholz, Persisches Eisenholz, Pazifischer Hartriegel, Scharlacheiche, Sorrels Sauerbaum, Tupelo, Vogelbeere

- Bei wuchernden Pflanzen Boden so tief aufgraben, wie die Wurzeln reichen, und **Wurzelsperre** eingraben, z.B. bei Bambus, Federmohn, Schilf, Minze
- **Kürbisse** ernten (die meisten Zierkürbisse sind nicht essbar), von den Speisekürbissen ist der Hokkaido-Kürbis der leckerste, der Flaschenkürbis ist nur jung in der Küche verwendbar (besonders schön in Obstbäume kletternd), der Ölkürbis liefert schmackhafte schalenlose Kerne
- **Garten winterfest machen, Treibhaus ausräumen** (grüne Tomaten reifen noch auf der Fensterbank nach)

- Kübelpflanzen zurückschneiden und ins Winterquartier bringen, Töpfe, die draußen bleiben, in Säcke mit Holzwolle stellen oder mit Noppenfolie ummanteln, auf Holzlatten oder Styropor stellen
- In Wasserbecken und Tröge Holzstöcke stellen (verhindern, dass Eis die Gefäße sprengt), alle wasserführenden Leitungen leer laufen lassen und abstellen
- Rosen anhäufeln, Kronen von Stammrosen mit Jutesäcken überziehen, empfindliche Pflanzen mulchen
- Laub als Frostschutz liegen lassen, nur von Wegen und Terrassen abharken und kompostieren oder um frostempfindliche Pflanzen anhäufen
- Nie Pflanzen mit Torfmull abdecken, er nimmt zuviel Feuchtigkeit an, sodass sie faulen
- Frostempfindliche Zwiebel- und Knollengewächse abdecken (z.B. Montbretie, Kronen-Anemone) oder ausgraben (z.B. Canna, Gladiole, Knollenbegonie, Dahlie, Schopflilie, Calla), Laub bis ca. 10 cm zurück-

schneiden, luftig abtrocknen lassen, frostfrei lagern in Kisten mit trockenem Sand, regelmäßig kontrollieren

- Als Winterquartier für Spitzmäuse, Igel und Kröten, die Helfer im Garten, einen Haufen aus Hölzern und Reisig, bedeckt mit Laub, aufschichten
- Zwischen dichtem Reisig überwintern Schmetterlinge und andere Insekten

November

- **Steckhölzer** von Beerensträuchern schneiden, ca. 20 cm lang, am oberen Ende spitz abschneiden, damit das Wasser abläuft, drei Augen tief in die Erde, zwei Augen herausschauen lassen
- **Hecken**, die an Straßen grenzen, mit Folie vor Spritzwasser schützen (giftiges Streusalz)
- Ein- bis dreijährige Hölzer aller heimischen Weidenarten oder abgeschnittene Ruten von Kopfweiden ca. 50 cm tief in den Boden stecken für lebende Zäune, Hütten etc., sie schlagen wieder aus und begrünen, im zweiten Jahr einjährige Rankpflanzen dazu säen
- Die meisten **Lilienzwiebeln** werden September bis November 15 bis 20 cm tief gepflanzt (nur Madonnenlilien und Türkenbund im August 10 cm tief): 5 cm Kies in die Grube, 10 cm Komposterde darauf, dann Sand darüber, Zwiebel (mit Holzkohle gegen Wühlmäuse eingepudert) darauf setzen, mit Komposterde zudecken
- Stützstangen für Stangenbohnen und einjährige Kletterpflanzen vor dem Wegstellen desinfizieren (z.B. mit verdünnter Essigsäure)
- Nach dem ersten Frost Mispeln und Schlehen ernten

- Gehölze mit besonders schöner Rinde treten jetzt hervor, z.B.: Araukarie, Papier- und Schlangenahorn, Blau- und Moorbirke, Seestrand- und

Weißborkenkiefer, Tibetanische Kirsche, Scheinkamelie

- Kamelie und Weihnachtskaktus auf der Fensterbank nicht drehen (Blüten fallen sonst ab)
- Lagerobst kontrollieren, fauliges Obst für Vögel nach draußen legen
- Auf einem **Komposthaufen** (mit Hecke umpflanzen und Walnussbaum gegen Fliegen setzen) können fast alle Garten- und Ernteabfälle entsorgt und zu Humus verarbeitet werden außer: Wurzelunkräuter, Unkräuter mit Samen, kranke Pflanzen, Fallobst, dicht gelagerter Rasenschnitt (Schimmel!), exotische Früchte aus dem Supermarkt (gespritzt!), Essensreste (Ratten!), Staubsaugerbeutel, Katzenstreu

Dezember

- **Obstbäume** an frostfreien Tagen schneiden (gefrorenes Holz splittert zu leicht)
- Kranke und abgestorbene Äste entfernen, und Wassertriebe, die senkrecht nach oben wachsen, sich überlagernde Äste und alle Stammtriebe stummelfrei schneiden, Wunden mit Wundharz verschließen, Wurzeltriebe abdrehen, sodass sie nicht mehr austreiben (ein Kursus zum Thema Obstbaumschnitt lohnt sich)
- Wurzelbereich der Obstbäume mit abgelagertem Mist bedecken, abgeschnittene Zweige blühen in der Vase
- Beim Kauf von **Gartengeräten** auf Qualität achten, vor allem bei Spaten und Grabgabel sollten Schaft und Blatt aus einem Stück geschmiedet, aus Kohlenstoffstahl sein und einen geschäfteten Griff aus Eschenholz haben
- Gute Gartengeräte haben Pflege verdient: Holzteile mit Leinöl und Bohnerwachs, Metallteile mit Ballistol oder warmem Bienenwachs bestreichen, trocken aufstellen
- **Anbauplan für den Gemüsegarten** für das kommende Jahr erstellen
- Fruchtwechsel und Mischkulturen schonen den Boden
- Gemüse aussuchen, die in zeitlich abgestimmter Abfolge gesät und gepflanzt werden, möglichst keine Arten derselben Familie aufeinander folgen lassen wie z.B. Zwiebeln nach Porree oder Mangold nach Spinat (einseitiger Nährstoffentzug, Krankheiten)
- Von Jahr zu Jahr Standorte wechseln, bei der Erstellung des Plans günstige Pflanzenkombinationen beachten (dazu gibt es Literatur), Ringel- und Studentenblumen zwischen das Gemüse säen (vertreiben Schädlinge)

- **„Zeigerpflanzen"** beachten, die auf die Qualität des Bodens hinweisen: Vogelmiere, Franzosenkraut, Ackerdistel (gute humose Erde), Brennnessel (nährstoffüberreicher Boden, überdüngt), Adlerfarn, Klee, Sauerklee, wildes Stiefmütterchen (nährstoff- bis kalkarmer, saurer Boden), Wiesensauerampfer, Wegwarte, Ackergauchheil (basischer Boden), Binsen, Seggen (verdichteter Boden mit Staunässe)
- Vielleicht einen Weihnachtsbaum mit Wurzel kaufen, geeignet sind auch Araukarie, Eibe, Mammutbaum, Zeder
- Jetzt sind **Blüten** besonders kostbar, es blühen: Christrose, echter Jasmin, Fleischbeere, Schneeball, Skimmie, Winterblüte, Wintergeißblatt und Zaubernuss